耶穌憑什麼

為什麼認識耶穌
就能改變生命？

Judah Smith
猶達・史密斯——著
朱怡康——譯

Jesus Is

Find a New Way to Be Human

目錄

各界讚譽

《耶穌憑什麼》？初看這個書名我大吃一驚，這個是不是問顛倒了？應該是「我憑什麼」才對吧！是「我憑什麼得到耶穌的恩典」、「我憑什麼得到耶穌的救贖」才對吧！你看，聖經是這麼說的啊：「唯有基督在我們還做罪人的時候為我們死，神的愛就在此向我們顯明了。」（羅馬書5章8節）混蛋的人類何德何能配得上帝的恩典？還記得「悲慘世界」的主角尚萬強是怎麼唱的嗎：「我是誰？上帝在我無望時給我希望，祂賜給我活下去的力量。」

原來，這是作者的小小巧思，他辦了一個名叫「耶穌是＿＿＿」的活動，請大家在空格處填入自己認為的耶穌。這個有趣了，可想而知一定大轟動，答案一定五花八門。其實，也沒有什麼答案不答案，我會寫「耶穌是超屌的搖滾歌手」、「耶穌是拍電影罵政府的憤導」，那您會寫什麼呢？

——朱頭皮，搖滾傳教士

本書的作者猶達·史密斯，是我非常欣賞的牧師之一。除了幽默而貼近人心的講道風格之外，他也非常擅長使用熱情、風趣的文字與人溝通，書中的每一字每一句，都在對你的心和情感說話。他的信息很深刻地影響著我，因此，我向您推薦這本書。如果您還不是基督徒，這本書可以用最簡單的方式幫助您認識耶穌是誰，而您絕對不用擔心有太多宗教和說教的成分在裡面，這就是本書最大的魅力！

——周巽正牧師，台北靈糧堂生命培訓學院院長

人究竟為什麼而活？在我們身處的這個時代，重新思考被釘十字架的耶穌與我們之間的關係格外來得重要！本書作者深入淺出為我們解說：耶穌何以是恩典、是通往救贖的道路，與耶穌同行的日子又是多麼幸福。

本書的筆法詼諧有趣、引人共鳴，生動地描繪出現代人該如何活出耶穌的樣式。不僅釐清外界對基督宗教的誤解，也澄清基督徒對於某些觀念上的迷思。唯有耶穌的愛是無條件的，也是無限的，祂愛義人也愛罪人，祂愛那些被世人遺棄的、不被珍視的。這本書讓我們明白，我們的生命唯有在耶穌的愛裡得以完全。

——銀色快手，荒野夢二書店主人

如果一本書既有充滿力量的信息，連作者本身都是信息的活榜樣，這本書便很有可能改變你的一生。你手上拿的這本書正是如此。我相信，你一定會一邊閱讀，一邊察覺耶穌和你原本以為的不一樣，而且遠遠超乎你的想像。

——克莉絲汀・蓋恩（Christine Caine），反人口販賣組織「A21運動」發起人

我的好友猶達是個角色，或許也是地球上最好的溝通家。這本有趣的書將激起你對耶穌的好奇、挑戰你對他的刻板印象，並讓你重新對耶穌產生驚嘆，本書也提醒了我們耶穌其實是真正的生命。猶達對人、對傳福音的熱情躍然紙上，我深信本書既會帶來有力的信息，也將成為一股風潮，改變許多人的人生——我已經被改變了。

——布萊德・羅米尼克（Brad Lomenick），感召力教會領袖培育中心主任

猶達・史密斯是我這一輩的奇才。這本書能讓你拋下對耶穌的刻板印象，鼓勵你擁抱我們生命中真正的他。這個耶穌比我們想像中更真實，也離我們更近。

——史蒂芬・弗提克（Steven Furtick），《紐約時報》暢銷作家、高地教會主任牧師

藉著介紹耶穌的樣貌，猶達點出一項重要事實：我們這些受到寬恕的人，也有寬恕他人的超自然力量，可以活出蒙福的自由人生。耶穌已經彌補你過去所犯的錯誤，何必卻步不前，讓這些挫折束縛你呢？猶達有股正面力量，他真摯地訴說他所知道、所愛的，也堅定地相信耶穌。他就像他自己說的那樣，是個十足的「耶穌迷」。

——萊恩・古德（Ryan Good），小賈斯汀造型師、節目製作人

對基督徒來說，最簡單卻也最艱鉅的挑戰，或許就是完成「耶穌是＿＿＿」這個句子。對被耶穌恩典所救的人而言，他是王、是上主，也是拯救。但在世界上很多人眼裡，他或許也是最受誤解的人。要處理這樣的主題絕非易事，而在我認識的人裡，沒有人比猶達更適合討論這個主題。耶穌是猶達的一切，他也正是在這樣的背景下寫了這本書。我熱切期待它在紐約還有其他地方激起的迴響。

——卡爾・藍茨（Carl Lentz），紐約超大型教會「新頌教會」主任牧師

無論你的信仰之旅到了哪裡，這本書一定能啟發你，重新點燃與耶穌的關係。

——湯米・巴奈特（Tommy Barnett），全美最大教會之一「鳳凰城第一神召會」主任牧師

對你來說耶穌是誰？尋找這個問題的答案將改變你的一生。猶達．史密斯以分享關於耶穌的真理為使命，如果你也在尋找上述問題的答案，這本書能幫助你很多。

——**克雷格．葛士卓（Craig Groeschel），生命教會主任牧師、《A貨信徒》作者**

我喜歡這本書，因為猶達．史密斯扣緊了人類存在的大哉問。認識耶穌是誰並決定這件事對人生的意義，是生命中極其重要的問題，其他問題相對來說都是小事。然而這個大哉問的答案，卻又這麼簡單。

——**邁爾斯．麥可弗森（Miles McPherson），《基督郵報》專欄作家、牧師、講道家**

我們很多人對耶穌的認識來自文化或傳統，並非聖經實際所述。猶達以過人的熱情與創意帶我們衝破刻板印象，讓我們重新認識真實的耶穌。書中傳遞的真理將改變你的人生！

——**克里斯．霍吉斯（Chris Hodges），高原教會主任牧師**

我很榮幸猶達將我視為他的牧師。他對於耶穌是誰的認識、對於自己在基督裡是誰的體會，以及帶領人們認識耶穌的熱情，都深深打動了周遭每一個人，這種精神大大超越他的年齡。這本書是他的生命信息——發現基督，傳遞耶穌是誰的真理。看了猶達在書中訴說的信息，一定能讓你更加熱愛那位有史以來最偉大的人。

——**布萊恩．休士頓（Brian Houston），新頌教會資深牧師**

猶達．史密斯是我認識最厲害的溝通者之一。他真誠、熱情、幽默，更有超乎年齡的智慧。這本書能在逗你發笑的同時給你啟發，既挑戰你的刻板印象，又鼓動你繼續探求。

——甘力克（Nicky Gumbel），聖公會聖三教會牧師、「啟發課程」先驅

如果你真的了解這本書的概念，它能改變你的一生。我們都對信仰有過疑問，而猶達具有某種穿透一切宗教修辭、直接聚焦上帝是誰的天賦，他的講述方式更是我從沒見過的。看到最後，我保證你會感受到造物主對你的愛。

——傑森．甘迺迪（Jason Kennedy），E! News記者

嚴格來說，關於耶穌是誰的討論，早在他誕生之前幾千年就已經開始了，相關討論和隨之而起的問題一直持續至今，從未平息。但在這本書裡，吾友猶達牧師突破重圍、盡掃迷霧，重現這位史上最具影響力的人。無論你是否了解耶穌，或是根本不知道他是誰，這本書都是必讀之作！

——艾德．楊格（Ed Young），團契教會主任牧師、「牧師時尚網站」創辦人

猶達幫助我在每個方面更上一層樓，他是怎麼做到的呢？說穿了，他也只是分享耶穌而已。我希望這本書能讓你得到同樣的收穫，雖然這份信息非常單純，但它絕對是我們每一個人都需要聆聽的信息。

——巴巴．沃森（Bubba Watson），美國職業高爾夫球運動員，全球排名第四

猶達．史密斯以清晰、深刻的方式說明耶穌是誰，以及他對我們生命的意義。在這本書中，猶達精心勾勒了基督的人生、他為拯救世人所做的犧牲，以及他恩典的力量。基督的愛是我們領受的革命性禮贈。猶達顯然有顆僕人的心，也充分認識耶穌的本性。耶穌是我們的救主、我們的朋友、我們的老師，以及我們一切作為的目的。耶穌基督是活生生的，這本書以優美而動人的文筆訴說了這個事實。

——馬太．巴內特（Matthew Barnett），牧師、洛杉磯夢想中心共同創辦人

專文推薦

處處有亮點的一本好書

劉駿豪

這是一本從哪裡開始看都好看的書！更沒想到一本從頭到尾都只談耶穌的書，會如此地有亮點，真的像作者所說的：「如果你把焦點放在一個人、而非一套規則上，我想抉擇會容易得多。」

或許過去我們都將信仰弄複雜了，以至於從中找不到力量，但書中許多幽默又直白的話語，帶大家找到了單純的耶穌，當然就恢復了我們生命的活力！

「耶穌與最惡劣的罪人為友，所以他與我為友。」很難相信這是出自本書作者、大型教會主任牧師之口吧！這本書就是這麼親切，處處的口吻都像是可愛的好友和你在聊天，看到他說晨禱最好是九點或十點再開始就更令我們釋懷了！因為作者誠實告訴大家他真的很喜歡睡覺，不勉強自己去迎合宗教上的儀式，這不正是活出自由嗎？

「我們常常妄自尊大，瞧不起那些做壞事的人，卻忘了自己也需要幫助——就跟那些壞人一樣。」我發現，真的被作者說中了！我們就是常藉著貶抑他人來彰顯自己，才只好繼續遮掩缺陷，因為在心裡痛斥別人的壞行為比面對自己的問題舒坦得多，最後就成了現代的法利賽人——從敵視罪惡到憎恨罪人。

再引用作者幾句妙言妙語，就更能體會閱讀時拍案叫絕的情境了！「要是一個人離開教會時比走進去時更在意自我表現，實在滑天下之大稽。」他也說：「要是你談的福音之中沒有極大的喜樂，你的福音一定有問題。」此外，他又從聖經判斷出小孩們喜歡找耶穌，可見耶穌是快樂而非陰沉嚴肅的人，這些論述給了你我新的看見——是啊，我是否傳錯了福音呢？相信這本書將幫助我們重新想想耶穌。

該下個結論了！讀完這本書，你會充滿力量、又有信心、卻不再緊繃地過活，就像作者說的：「福音超讚的原因之一，是它的重心是神而不是我們。這是好消息，因為神比我們可靠多了。」

這本書就是這麼有趣、好看，又充滿啟發，輕鬆地讀完這本書吧！

（本文作者為得勝者文教創辦人暨負責人）

獻給城市教會——

我有幸從十三歲起歸屬的團契，

這是我們一起走過的路。

前言

認識耶穌的驚奇之旅

我今年三十五歲，在美國西北太平洋岸出生長大，這代表我咖啡喝個沒完，也老是愛抱怨天氣。我結婚了，是三個孩子的老爸，高爾夫球打得還可以，我也是牧師。

一聽到我是牧師，很多人就扭捏起來，他們會忍著不在我面前罵髒話，但看著他們矜持的樣子，我其實覺得挺好笑的。大家以為牧師不會罵髒話、不會冒出不純潔的想法、不會臭罵小孩、不會看色情讀物、從不喝醉、絕不碰毒品，當然更不可能欺騙妻子或逃漏稅。身為牧師，他一定隨時都在給每個人打分數，一定不苟言笑，一定把性行為視為繁衍後代的必要之惡。

這些都是對牧師的刻板印象，有些沒錯，另一些很離譜。但它們沒有一個能一語道盡何謂牧師、何謂基督徒，甚至不足以說明何謂好人。

這幾年來，我走過一段充滿驚奇的旅程，我對自己、對罪惡、對罪人，還有對耶穌的既定想法都因而改變。我很難講清楚這次轉化有多深刻，但我很確定的是：我再也不一樣了。

基督宗教與罵不罵髒話無關，也與想法純不純潔無關，真的，跟剛剛提到的那些東西完全無關。

基督宗教與耶穌有關。

關於「耶穌是＿＿」活動

大約三年以前，我剛接任主任牧師沒多久，我找了教會裡的媒體同工一起開會，希望能在這座城市舉辦一個活動，目的是讓西雅圖人想起耶穌。

我無意推銷我們的教會，也不打算宣傳某個教條，我的目的很簡單，就是希望能讓大家多想想耶穌。

那次會議決定要辦一個「耶穌是＿＿」的活動。我們的宣傳包括搭看板、買公車廣告、發臉書動態、在車上黏小磁鐵（千萬不能用貼紙，因為每輛車都是車主的心肝寶貝），我們還架了一個網站：jesus-is.org，讓大家可以自己去填上空格。我們也辦了幾百場名為「耶穌是＿＿計劃」的小活動，鼓勵教會裡的人走向社會，打掃公園、當學校或社區志工等等。

這個活動的目的，只是想讓大家停下來多想想耶穌。我們覺得冷漠是最大的敵人，如果能讓大家想想耶穌，耶穌一定能讓他們更認識自己。

結果反應非常熱烈，我們的網頁瀏覽人次超過一百五十萬，填下空格的也有七萬五千人。不但其他教會網站報導這個活動，連無神論網站、色情網站都提到這次活動，我們的網站甚至還被駭客攻擊好幾次。

耶穌果然很能吸引大家注意。

大家在空格裡填的答案令人驚豔。只要稍微瀏覽一下，就能大致了解我們社會對耶穌的看法。當然，很多答案是肯定耶穌的，有些顯然是搞笑，有些讓人百思不得其解，而褻瀆、謾罵的反耶穌答案也有不少。

活動進行幾個月後，我們領悟到了一件事：「耶穌是＿＿」不應只是活動或宣傳而已——它是我們教會的使命。

現在，我們教會大廳的大黑板上寫著「我們的使命：向您介紹耶穌是誰」，在這標題底下，則是好幾百個手寫的答案，我們教會裡的弟兄姊妹，每個禮拜都在上面寫下耶穌對自己的意義。

我覺得這就是我生命中最好的使命。我以後也許還會寫書，但應該都不會比現在這本重要。我也許無法很深刻地回答「耶穌是誰？」這個問題，但追尋他無邊無際的愛，已經成了我的痴迷、熱情與喜悅。

❖關於聖經

我是個聖經迷。我的腦袋沒好到能回答生命的意義何在，但聖經可以。我相信聖經是偉大、神聖、超自然的作品，揭示了神的安排，也提供我們為人處世的適切態度。我相信神引導了一批人寫下聖經，而裡頭所寫的一切都是正確的。

如果你不認為如此，我不會感到困擾，所以我也希望我的信念不致讓你困擾。事實上，我覺得即使你不相信聖經，這本書還是能言之成理。因此，如果你能用開闊的心胸來讀，我相信會是好事一件。畢竟包括我自己在內，沒有人看得到真理的全貌，如果我們能彼此學習，一定都能有所收穫。

聖經關心這個世界，它的訴說對象是真正面對現實問題的人。所以我在講道或寫作時，通常會用自己的話重述聖經裡的故事。這不是重新翻譯，而是我對聖經的理解，往往再添上些許幽默。我也喜歡拿自己開玩笑，因為我覺得歡笑合乎聖經，所以當我自顧自地大笑時，我甚至有種神聖的感覺。

❖ 關於我的糨糊腦

我想你遲早會發現一件事，所以我乾脆從實招來：我不是個條理分明的人。某些人大概鬆了口氣，但另一些人可能皺眉頭了。我就直說了吧，我的專注力跟五歲小孩差不多。但我覺得這還不賴，因為五歲小孩的世界比大多數成年人有趣多了。

有些人的腦袋像資料室一樣，檔案夾排得整整齊齊，而且還依筆畫或主題分門別類，不但有目錄、表格，連索引都寫得清清楚楚。真了不起！願上帝祝福你。

我的腦袋比較像貼滿便利貼的牆，而且字跡潦草，還用各式各樣的螢光筆畫線。如果你有時發現我跳針或跳耀，現在你知道原因了，請為我祈禱吧。

❖關於人生旅程

最後，我爸爸溫德爾·史密斯（Wendell Smith）對我影響很大，若沒有他，我不會是現在的樣子。他於二〇一〇年十二月因癌症離世後，我沒有一天不思念他。他是我的導師、我的朋友，也是我的英雄。

他和我媽金妮在一九九二年建立城市教會，前後牧會十七年，直到二〇〇九年將教會交給我和太太雀兒喜。我爸爸的信仰、對人的慷慨與愛，都是那樣無與倫比。

他引領我認識耶穌，帶我走上充滿喜悅與驚奇的旅程，這條路我願意繼續走下去。

我祈禱你能一邊讀這本書，一邊慢慢發現耶穌真正的樣子。當你認識他時，一定難以抵擋他的魅力。

PART.1

因為耶穌是你朋友

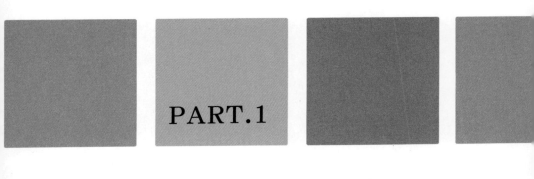

第1章

你是小罪、中罪，還是大罪？

「如果神連某某某都幫得了，那祂**什麼人**都幫得了！」

我發現自己這樣想過幾次。這個「某某某」可以代入犯罪達人的名字，也可以代入作惡強者的名字。他們的犯罪能力超乎常人，大小罪惡可以列一長串，而且，他們還挺享受犯罪。

「你聽說了嗎？那個女明星又離婚了！話說她已經搞砸了五段婚姻，這段婚姻還只維持了三個月！要是神能矯正她，祂誰都矯正得了！」

「那個當官的居然說他是基督徒！你知道他幹了什麼好事嗎？換作是我，連頭都不敢抬起來了。基督徒？哼！神要是幫得了他，祂就誰都幫得了了。」

我們就坦承點吧：好人多半看不起壞人，高人一等的憐憫和自以為是的義憤讓人感覺良好。我們喜歡高高舉起惡人的手，昭告天下壞人在此，大聲感嘆原來人可以變得這麼糟。然後呢？然後我們一口喝光拿鐵，一擦嘴巴，把兩個孩子載上休旅車（貸款快付完了，爽！），接著帥氣地油門一踩，貢獻社會去也。

你有發現我剛剛也把自己歸在「好人」那邊嗎？而且我不只是空想而已，實際表現也是如此。

這令我非常、非常困擾。

罪惡量表

「要是神連某某都救得了……」這個想法的問題在於，它隱含了一份罪惡量表。這份量表和文化關係深厚，大家雖然心照不宣，可是隱約都知道界線何在、「評分標準」大概如何（相對來說，也有一份給自己和旁人打分數的好人好事量表）。

在這份量表上，我們標上微罪、小罪、中罪、重罪、大罪、超級大罪、宇宙級大罪等等。要是某人犯的是微罪到中罪，我們就想：這個人還不賴，很講道理也中規中矩，這個人顯然跟耶穌很近，神要拉他一把並不算難。

但要是某人犯的是中罪到大罪，我們就緊張了：該為她好好祈禱了，她的墮落速度有點嚇人。神可得好好管教她，讓她知道自己現在狀況多糟。她真的得好好努力改變，才能更接近神一點。

等到我們遇上超級罪人，身上一籮筐大罪，我們就神經質地猛搖頭，心裡覺得這可憐人沒救了——可是在聖經裡，神並不是這樣看待人的，祂沒有罪惡量表，更不管我們的評分標準。

對神來說，所有的罪都一樣邪惡，並沒有大小之分，可是祂也一視同仁地愛著每個罪人。沒錯，不同的罪會造成不同後果，有些罪讓人被關，有些罪讓人丟臉，還有些罪別人根本不放在心上。可是對神來說，**罪就是罪**。

稅吏老大的故事

耶穌也不用罪惡量表。任何人他都願意接受、願意愛。把這一點說得最清楚的，就是稅吏撒該（匝凱）[1]的故事。

我想先說明一下，我讀聖經故事的時候，會給每個主要角色添加一點個人風格。這是我腦子運作的方式。專注從來不是我的強項，為了讓自己能專心一點、更投入故事中，我只好使出這個伎倆。

在我腦海中，撒該的形象有點像黑幫老大。所以接下來幾頁的內容，也請你想像一個說話有點跩的傢伙，不然我們可能有點搭不上線。要是你想像不出來，也許先聽幾首嘻哈歌曲再試試看會比較成功。

如果你對這個故事不熟，容我簡單介紹一下：撒該是個稅吏，精確點說，他還是稅務長，不過他個子很矮，這點很重要。

以下是聖經的記載：

耶穌進耶利哥（耶里哥）城，正要從那城經過。當地有一個稅務長，名叫撒該，是個很有錢的人。撒該很想看看耶穌是怎樣的一個人，可是他身材矮小，在人群中無法看到耶穌。於是他跑在大家前頭，爬上一棵桑樹，要看看耶穌，因為耶穌就要從這條路經過。

耶穌走到那地方，抬頭看撒該，對他說：「撒該，快下來！今天我必須住在你家裏。」撒該急忙下來，非常高興地接待耶穌。大家看見都埋怨說：「這個人居然到罪人家裏作客！」

撒該站起來對主說：「主啊，我要把我財產的一半分給窮人；如果我欺詐過誰，我就還他四倍。」

耶穌對他說：「今天救恩來到這一家了，因為這個人同樣是亞伯拉罕（亞巴郎）的子孫。人子來是要尋找和拯救迷失的人。」[2]

---

1. 編注：本書中的聖經章名、人名、地名，在每章首次出現時，皆採用基督教與天主教通用譯名對照的方式，以便教友閱讀。
2. 路加福音19章1～10節。

我來補充點幕後花絮：耶穌那時的以色列人很厭惡稅吏，覺得他們跟小偷、老鴇沒什麼兩樣。為什麼呢？因為稅吏是為羅馬政府工作的猶太人，換句話說，他們是殖民政府的幫兇。稅吏的工作就是從自己同胞身上摳錢，再交給人人痛恨的外來政權。他們的收入就是付完羅馬稅額之後的餘款，就是自己同胞的血汗。可想而知，撒該一幫同路人會想盡辦法提高稅金，無所不用其極。簡言之，撒該的專業就是詐騙與自肥，他連老太太的棺材本都不放過，說他是小偷一點也不冤枉。

順帶一提，我覺得撒該和流行文化很搭。他應該很重視打扮，不放過任何一個出風頭的機會。當紅毯鋪上、攝影機就位之後，他應該會風風光光地現身，美女左摟右抱，透過墨鏡掃八卦媒體記者一眼，酷酷地說：「辛苦啦！老子在這。」對了，他接受訪問時絕不說「我」，只說「老子」。

撒該是個矮子，可是別被他身高騙了，他有錢得很。他被羅馬人找去不過是幾年前的事，但他的確有些本領，他從最基層的稅吏助手做起，沒多久就當上了稅吏。等到他出現在故事裡的時候，他已經當上稅務長了。也就是說，他這時負責監管一整個稅務區，手下還有一幫小稅吏自動把錢捧上，閉門家中坐，錢從同胞來。

想當然爾，撒該人見人厭、惡名昭彰、毫無人望，是聲名狼藉的壞榜樣。他花了多久讓自己落入這番田地呢？五年嗎？也許更久一點，畢竟他官拜稅務長。所以是十年？還是二十年？

我不認為他在乎別人恨他，事實上，我覺得他是個挺享受生活的人。他也許住在能俯瞰全城的豪宅，成天懶洋洋地在私人游泳池裡泡著，一旁有僕人搧著扇子，把葡萄餵到嘴裡給他吃。

每個人都恨他，但也都怕他，甚至還有點佩服他。回到小學時代，根本沒人會多看這小矮子一眼。可是誰想得到呢？這個其貌不揚的小個子現在威風八面，人人避之如瘟神。撒該如今可是這裡的大人物。

此時，有個消息到處流傳，說耶穌就是應許中的彌賽亞（默西亞，救世主之意）。撒該也是在猶太文化裡長大的，對先知預言絕不陌生，他一定聽過彌賽亞有朝一日會到來。現在耶穌跑到鎮上來了，撒該心想：「我也去湊湊熱鬧，看看這傢伙是何方神聖吧！他粉絲還真多，走到哪都聽到他的事。老子感興趣！」

我不認為撒該當時想的是：「廢話！我當然希望耶穌救我！」他怎麼會想被救呢？因為他房子太大嗎？因為他身邊美女如雲嗎？

不，他應該只是想看看名人而已。撒該是個很在意身分地位的人，淡泊名利的人不會從稅吏到稅務長一路爬上去。他名聲極惡，可是他確實出名。

耶穌慢慢走過來了，人們擠在路邊抬頭張望，都想看他一眼。撒該頓時發現他再怎麼踮腳都看不到，心想：「這下可好！老子看不到那傢伙了！」

不過，撒該向來腦袋靈光，此路不通便換另一條。他袍子一撩往前跑，大條金鍊胸前招搖，真氣一提，縱身躍上一棵桑樹。

只見前方黃沙滾滾，一大群人簇擁耶穌而至。光看那陣仗，還真讓人以為來的是小賈斯汀之類的名人。耶穌緩緩走了過來，然後——撒該真不敢相信自己運氣這麼好——他居然就在這小個子的樹下站定！

「哇！這就是耶穌那傢伙！」他心想：「我從這裡看下去正好，也許還能聽聽他講些什麼。」

更令撒該驚訝的是，耶穌居然抬起頭來看他，叫他名字：「撒該。」

「你認得我？可是我不認識你啊，誰跟你提過我啊？」

有人說世上最悅耳的聲音就是自己的名字。而現在，神喚著這個冷酷、自私、被排擠的人的名字：「撒該，快下來！我要去你家了——馬上就到。」

「你什麼……？喔，好啊，來吧來吧。」

這真是稅務長撒該的風光時刻啊！你看那些德高望重的猶太人，誰不想跟耶穌說句話，甚至只盼他點個頭、揮個手呢？可是現在被耶穌邀請的人是誰？不是別人，正是本地最大惡人撒該是也！我想他一定趾趾地看著大家說：「怎樣？有意見啊？」然後派人通知他那幫狐群狗黨、大小稅吏：「快來撒該家看耶穌囉！」這鐵定是他生命中的光輝時刻。

「我要改變！」

然而那天下午，撒該的心出乎意料地發生難以解釋的改變。他和行在人間的神談了多久呢？兩小時？四小時？不得而知；他們談了什麼呢？我們只能猜測。

他們應該一起吃了頓飯，耶穌大概也聽撒該講了很多。撒該一定心想：「除了我那幾個小嘍囉，還真沒有人好好聽我講過話。這傢伙還真的關心我，從剛剛到現在聽我講了這麼多。嗯，他懂。」

我想像得出那幅畫面，撒該凝視著那雙他所見過最真摯的眼睛，心裡嘀咕：「耶穌真的知道我是什麼人嗎？知道同桌的都是哪些貨色嗎？他知道我們是幹什麼營生的嗎？

他知道他這餐飯的錢是怎麼來的嗎？他知不知道我怎麼弄到這麼大的房子？**他・鐵・定・知・道**……可是他居然肯理我？」

和耶穌共度幾小時後，撒該心悅誠服。最後，他終於忍不住在家人、同夥、小嘍囉面前倏地站起，脫口說出：「我要改變！」

什麼？

「耶穌，老子……在下要改變。我要把錢都還回去，被我騙的那些人我四倍奉還！」

如果真的這樣做，這個見錢眼開、冷血無情的老大一定破產，可是他居然毫不猶豫、面不改色。與耶穌同在，讓他完全變了一個人。

我很好奇耶穌那天跟他說了什麼，竟然只用短短一個下午，就讓一個一生貪得無厭的人成了大方慷慨的人。我覺得聖經是有意跳過這一段，免得我們依樣畫葫蘆，以為照表操課就能改變一個人。不是這樣的。撒該之所以改變，不是因為他談了什麼，而是因為他跟什麼人談——是因為他與耶穌同在。

改變撒該的是什麼？是聖經教理？個人熱誠？還是宗教責任或善功？——都不是，關鍵在於他與化成肉身的神同在。我們甚至沒讀到哪個人叫撒該悔改或還錢，只看到撒該遇到耶穌之後就改變了。

快從宗教裡出來

我就直說了：我也和撒該一樣，我就是撒該。也許我身材不矮，但在靈性層次上我的確非常矮小。即使我想找耶穌、想看耶穌，我卻無法不在意自己——在意自己不斷犯錯、走上歧途，也時常自我中心。

我們通常怎麼試著找耶穌呢？努力跑得更快，奮力爬上宗教善功的枝頭，以為這樣就能找到耶穌，這樣就能讓耶穌對我刮目相看。

我相信大多數人試過之後都很挫折，都會深感力有未逮。無論他們多努力、成就多高，一定心知肚明自己仍身處角落、仍是靈性的矮人。他們犯了罪，達不到神耀眼的標準，於是告訴自己：**我得加快腳步衝刺，找棵樹爬上去，然後神就會注意到我**。

好像你跑得快、爬得高就能引神注意一樣！

撒該可不是這樣得救的，救了他的是神的憐憫與恩典，是神主動向他伸出援手。

我們以為爬到漂漂亮亮的桑樹上，神就會停下來看；我們以為神的關懷是因為自己表現太好：「看！神注意到我了。因為我禱告超多、超大聲，又都有去教堂，所以祂注意到我了。厲害吧？」

耶穌當時可不是因此停在樹下的。他之所以選擇停下，是因為他慈愛、善良，想拉撒該一把，他了解撒該就如了解你我一樣。

耶穌叫撒該快下來，他現在對我們的要求也是一樣：「快從宗教裡出來！快從傳統裡出來！別再試著做個聖人，因為只有我的恩典能救你。下來吧！快下來！別再自以為是了。我今天要與你同在。」

撒該語驚四座時，耶穌一定微笑以對。不僅如此，他還說：「今天救恩來到這一家了，因為這個人同樣是亞伯拉罕的子孫。」

撒該可能當場呆若木雞——他一直是負面教材、標準叛徒、好猶太人的對反。就他記憶所及，自己始終遭到排斥。但現在他居然被接納了？還被當成好人？

我真想看看他那些朋友當時的表情：**如果連撒該這種人都有希望，那我一定也有希望啊！**

接著，耶穌道出他的人生使命：「人子來是要尋找和拯救迷失的人。」法利賽人以為彌賽亞是為少數選民來的，是為少數聖潔又虔敬的人來的。可是耶穌一再強調：他是來救人格扭曲、為非作歹的人，來找執迷不悟、冥頑不靈的人，來看受傷、迷失、被欺騙的人。

我們有時很像撒該，長年身陷罪惡、充滿弱點，也時常犯錯，遠遠稱不上完人，不少人甚至受創太深，變得憤世嫉俗、對美善麻木。我們有時感到既無助又絕望，覺得**連耶穌都救不了我**——我都已經全力以赴了，現狀卻絲毫沒有改變，大概連耶穌都不認為我有什麼值得拯救的吧。

讓你於心難安的，可能是你隱瞞多年的罪（例如八年前的一段婚外情），也可能是你始終克服不了的毛病（如酗酒或藥癮），其他人說你改不了，而你也漸漸相信了。

可是，耶穌並不打算指責你、起訴你或審判你，相反地，他要與你為友、拯救你。你只要像撒該一樣，花些時間待在耶穌身邊就夠了。不要自慚形穢，認為自己無顏見他；也別自以為是，拒他於千里之外。不要盲信別人的說法，先入為主地認定耶穌會怎麼想。請親自去認識他，讓神的美善由內而外轉化你。

第2章

拒絕
「高人一等俱樂部」

兩種罪人

耶穌改變的稅吏不只撒該（匝凱）一個，還有馬太（瑪竇）。馬太是耶穌的門徒之一，對耶穌傳道三年半裡的重大事件，他寫的福音書裡著墨不少。

馬太與耶穌第一次相遇的情形，顯示耶穌將罪人分為兩類——只有兩類。

聖經裡這樣寫道：

耶穌離開那裏再往前走，看見了一個收稅的，名叫馬太，坐在稅關上。耶穌對他說：「來跟從我！」馬太就起來，跟從了他。

耶穌在馬太家裏吃飯的時候，許多稅棍和壞人也來了，跟耶穌和他的門徒一起吃飯。有些法利賽人看見了，就對耶穌的門徒說：「為甚麼你們的老師跟稅棍和壞人一起吃飯呢？」

耶穌聽見了這話就說：「健康的人用不著醫生，有病的人才用得。聖經說：『我要的是仁慈，不是牲祭。』你們去研究這句話的意思吧！因為我來的目的不是要召好人，而是要召壞人。」[1]

馬太和撒該一樣也是稅吏，走到哪裡都惹人嫌，每個人都怕他也排擠他——直到他遇到耶穌。馬太絕不會忘了那一天，有個人不知何故根本不在意他的職業，願意把他當成有血有肉的人。

在耶穌對馬太說的話裡，他將一切世人分為兩類：**以為自己正直的人**，還有**知道自己是罪人的人**。

就這麼簡單。沒有指標量尺，沒有評分標準，也沒有相對的好或主觀的標籤。我們不是假裝自己不需要他，便是承認自己需要他。

我們的共同點是都需要幫助，但不是每個人都願意承認。我們常常妄自尊大，瞧不起那些做壞事的人，卻忘了自己也需要幫助——就跟那些「壞人」一樣。

我們一定要拋棄自己的評分標準，改用上主的分類框架，因為我們那套標準只會扭曲人與人的互動。我們以為自己知道別人在量表上的位置，以為自己知道他們是否準備好認識耶穌、將自己獻給神——這是很大的誤會。

也有很多人以為，接受神的恩典的最大阻礙並不是罪，而是善事做得不夠。

沒錯，有些人問題不小，但也有些人不太容易發現自己有問題：那些住在兩層透天

1. 馬太福音9章9～13節。

厝、草坪修得整齊、車子洗得乾淨、對伴侶忠實、努力工作、按時繳帳單、從不逃稅的理性中立模範公民，怎麼會覺得自己有問題呢？他們看看自己的長處、瞧瞧他人的短處，很難不自鳴得意：**我實在是個奉公守法的好人，道德清白、行為規矩，我怎麼會需要神的幫助呢？**

我們那膚淺的評分系統也問題重重，讓人永難獲得真正的自由。要承認自己跟隔壁的毒蟲一樣糟，的確需要勇氣與謙卑，而許多人確實無法誠實面對自己。無法誠實面對自己的人，也不可能誠實面對神，這樣的人只會繼續遮掩缺陷、炫耀善行，到頭來什麼也沒改變。

「嗨，我恨你。」

耶穌與撒該、馬太這樣的罪人交朋友，最難以接受的是法利賽人。法利賽人是當時的靈性領袖，精通猶太律法——也就是成千上百條將十誡應用於生活的規定，鉅細靡遺，從怎麼洗手到如何綁東西到駱駝身上，無所不包。

聖經裡的法利賽人總是在指指點點，到處說這樣做錯了、那個人犯罪等等。譴責別人就是他們生活的一部分，他們的事業就是奚落受創的靈魂。

法利賽人極為重視律法，卻不太認識神的愛。他們好論斷而無憐憫之心，施懲罰而無慈愛，批判而不試圖了解。

法利賽人敵視罪惡，但最後卻變成憎惡罪人。

最不可取的部分或許是：他們認為高高凌駕於罪人之上便能成聖。換句話說，他們衡量自己有多優秀的標準，其實是被他們排擠的人有多壞。

猶太宗教領袖之所以難以了解耶穌，原因也正在於此。他們等待著彌賽亞（默西亞）、等待著救主，而且他們認為這位救主應該和自己一樣——他應該穿著華麗出眾的袍子，遠遠高於小老百姓之上；他應該趾高氣昂地招搖過市，而閒雜人等應該恭敬讓道。簡言之，法利賽人認為神若到來，應該會跟他們一樣。

可是他們錯了。

耶穌大大方方地去尋找罪人，而且和他們交朋友，一點也不在乎這可能有損他的名聲。耶穌沒有藉著貶抑別人來彰顯自己。他是完美的神，可是他以行動表示：連最糟的罪人他也不譴責。

諷刺的是，耶穌批評得最嚴厲的人就是法利賽人。耶穌看穿他們的偽善，而且不假辭色地公開訓斥，法利賽人因此懷恨在心，伺機報復。最後，大聲嘶吼要將耶穌釘十字架的不是別人，正是這些宗教領袖。他們煽動群眾，迫使羅馬當局處死耶穌。

殺了耶穌的不是惡名昭彰的罪人，而是「虔信宗教」的人。

我心中的法利賽人

不過，也不必對法利賽人太過憤慨，因為每個人心中都有個蠢蠢欲動的法利賽人。我也一樣。每次我克服一種壞習慣，總迫不及待地轉頭批評還沒改過來的人。

我發現義憤比謙卑或同情更常出現，在心裡痛斥別人的壞行為，比面對自己的問題舒坦得多。

我們隨時都能**看出別人有問題**。但請稍微想想：我們眼中的那些惡人，實在不太可能認為自己很壞。因為他們一旦開始覺得有罪惡感，只要從那條聖潔的食物鏈往下看，立刻就能找到比他們更糟的人，然後大感快慰，再次肯定自己其實還算不錯。

因此我得捫心自問：我到底以為自己在食物鏈的哪一層呢？同樣地，誰又在我上面低頭看我，以我的是非來證明自己高人一等？光是想到這裡，就讓我渾身不自在，但我也不得不承認，這個問題確實切中要點。

簡單說來，我是這樣在看待別人：我立下適合我生活標準的規矩，然後用它們來評判你。如果你遵守我的規矩，你是好人；要是你違背規矩，你是壞人；如果你的規矩居然比我還嚴、還多——你太小心拘謹了，應該放鬆一點。

這種分類方式真方便，但也真扭曲。

如果我們對**罪惡**的定義是「做壞事」，我想每個人都同意罪惡確實存在，畢竟人類做過不少壞事。即使我們對「壞事」的定義未必一致，但都會同意強暴是錯的，種族屠殺是邪惡，種族歧視則令人作嘔。

問題是，我們不會把自己跟強暴犯、殺人犯歸在同一類。他們犯了罪，我們只是沒那麼完美而已。

面對自己做的壞事時，我們的反應往往跟「國家地理頻道」裡的動物一樣：迎戰或脫逃。我們可能疾言厲色地開始反擊，伸出手指一一點出其他人的名字，也可能開始尋找託詞逃避，感嘆宇宙正邪力量之不可思議，然後話鋒一轉，暢談愛與寬容、建立美好世界等等。但我們心知肚明這只是煙幕彈，只是用來引開別人的注意，讓他們別發現我們的道德缺陷而已。

我無意指責任何人，但自由得從誠實開始。光是把自己當好人、別人當壞人，並不能給自己任何好處。就讓我們承認自己需要幫助吧！每一個人都不例外。

好消息是，耶穌所宣揚的那位神，不是以我們的行為來評判我們，而是以祂的愛來衡量我們。

既然如此，當我們看到那些被譴責、被敵視的罪人時，為什麼又老是要振振有詞地大談法律或規定呢？對於新聞裡那些言行古怪的傢伙，還有阻街女郎、竊盜犯、殺人犯、強暴犯，為什麼我們的第一反應不是哀矜而勿喜，而是拿出法律大加撻伐呢？

我有想到一個原因，但我實在不願承認。我想，我會這麼急著用規則評判他人，是因為這些規則能把我和那些「壞人」區隔開來。

如果我離這些罪人遠遠的，我就不必分擔他們的痛苦。我不必與他們感同身受、不必愛他們，更不必讓自己為他們心碎。我不必介入，不必幫助他們重回正途、找回人生。我的心原本應該為同情而淌血，但只要我離他們遠遠地，我就能繼續漠不關心，就能繼續嚴厲地譴責他們。然而，我忽視了一個重要的事實：若不是神的恩典，犯下那些罪的「壞人」很可能就是我。

更進一步說：如果我離罪人遠遠地，我就能享受旁觀他們受罰的樂趣。他們越是重刑加身，我就越有施虐的快感，畢竟他們是自找的嘛！

請別誤會，我並不主張拋棄社會公論，而是希望能改變**動輒論斷他人的陋習**。

如果我離罪人遠遠地，或許可以保障自己的名聲不受他們拖累，安安穩穩地繼續待在「高人一等俱樂部」，在那裡彼此奉承、相互吹噓，偶爾嘆息幾句世風日下、人心不古（至於純樸社會該有多「古」，我們根本不在乎），有時義憤填膺，再罵罵政府庸碌無能——我們來做一定比他們做得更好！

最重要的是，我和壞人離得越遠，自我感覺就越良好。因為跟他們相比之下，我實在好太多了。

我想再強調一次：請別誤會，我無意指控規則冷血無情，冷血無情的其實是我們運用規則的方式。為了保護孩子們，我會給他們立規矩；同樣地，社會為保障人民安全就必須制訂法律。我完全尊重權威、秩序、公義與執法者。

但我們需要提醒自己的是：規則、法律並不能證明靈性，它們充其量只能證明罪惡，它們頂多只能告誡人人都有可能做錯事、提醒我們需要幫助。

法利賽人的問題在於拘泥律法小節，卻遺忘了律法最重要的精神：愛神與愛人。他們以為小心謹慎就能討神歡喜，所以一看到人做錯事便怒火攻心。耶穌想告訴他們的就是這種想法極其荒謬，人犯罪時，神生起的是憐憫之心，並非勃然大怒。自以為是的人再怎麼謹言慎行，對神都無意義，因為這樣的人根本沒把心思放在神身上。

耶穌總是憐憫最不值得同情的人，給予最絕望的人希望，讓最惡劣的罪人獲得恩典。老實說，我也同樣屬於這一類的人。

在內心深處，我焦慮地看見自己仍在與壞念頭搏鬥。我對孩子沒耐心，對妻子言行粗魯，常因惡意或自我中心做出決定，忘卻了愛。事實上，我比你好或壞真的不重要，重要的是我該承認**自己需要耶穌**。

我不該自以為優越排斥他人，也不應依自己的標準隨意論斷或譴責別人，我該牢牢記住的是：我仍迫切需要耶穌的恩典。

耶穌與最惡劣的罪人為友，所以他與我為友。

第3章

罪人的朋友

耶穌去撒該（匝凱）家裡，成了這惡名昭彰的罪人的座上嘉賓；耶穌也去馬太（瑪竇）家裡，與一群稅吏和聲名狼藉的罪人同桌共食。

以當時的風俗來說，跟人同桌吃飯就代表認同這個人，所以在絕大多數人眼中，耶穌等於成天跟老鴇、妓女、毒蟲混在一起。他的朋友都是德高望重的猶太人看不起的人，他們是人人輕視的笑柄，也是廣受譴責的箭靶。自尊自愛的人絕不會甘犯眾怒與他們為友，免得壞了自己的名聲。

可是不管從哪個方面來看，耶穌都是不折不扣的好人，因此他會與這群壞人交朋友更令人不解。如果耶穌告誡、責備、批判或是嘲弄這群人，沒有人會覺得意外，甚至還會為他鼓掌叫好。可是跟他們同桌吃飯、講笑話、談笑作樂？這不僅匪夷所思，簡直驚世駭俗了。

可是耶穌一點也不在意名譽，他只在意名譽掃地的人。

耶穌喜歡花時間陪罪人。他是神，他完美無瑕，可是他短短三年半的傳道過程中，大部分時間都和壞人在一起。耶穌和他們談話、吃飯、一同哭泣，甚至服事他們。對他來說，這些人不只是慈善計劃的「個案」，他真心關懷他們、傾聽他們，給予他們無條件的希望與同情。

耶穌說：「健康的人用不著醫生，有病的人才需要。」因此他多半和窘迫、無助、墮落的人同在。他自願降到他們的層次，因為他們到不了他的；他無意證明自己多好或他們多壞，只是單純地想給予他們希望。

耶穌不只是罪人的朋友，他更只是罪人的朋友，他要交的朋友，是願意承認自己有問題的人。如果我們了解自己有缺陷，如果我們承認有些事自己克服不了，那麼，耶穌就離我們很近了。

想當耶穌的朋友並不需成為好人，只需要坦誠。

指控你的人在哪？

我們很多人以為神暴躁易怒、有仇必報，隨時都在找機會懲罰人類。如果你也這樣認為，建議你把神想像成耶穌——因為他就是神。耶穌說他是為了讓我們認識天父而來，換句話說，他為我們揭示了神的樣貌。他的話語、行為、想法以及價值排序，都跟神一模一樣。如果耶穌愛壞人，代表神也愛壞人；如果耶穌是罪人的朋友，就表示神也是罪人的朋友。

我們必須了解，神不會像我們一樣對「罪」大發雷霆。別人跟我們說他犯了錯時，我們的反應往往是：「你說你做了什麼？跟誰做的？天啊……然後呢？後來怎樣？喔！天啊！」

〈約翰福音〉（若望福音）第八章裡有個故事：有群道貌岸然的宗教人士帶個女人到耶穌面前，可能是個妓女。他們氣勢洶洶地圍在耶穌旁邊，幸災樂禍地說她是行淫時被抓到的，問耶穌該怎麼處置她。他們以為耶穌會講出他們的標準答案，因為律法說得一清二楚：犯這種罪的女人要用石頭砸死。

可是耶穌不丟石頭，不發義怒，甚至沒有怒容，也不大吼。他眼中看到的是個**婦人**，而不是她犯的罪，他的心裡充滿同情。於是他轉向指控她的人，說：「你們當中誰沒有犯過罪，誰就先拿石頭打她。」

呃，你要這樣講的話……

指控她的人一個個心生慚愧，從年紀大的開始一一離開。這一點還真是有趣：年紀越大，似乎也越傲慢不起來。

耶穌轉頭看那婦人，問她：「婦人，他們都哪裡去了？沒有人留下來定你的罪嗎？」

「先生，沒有。」她說。

耶穌對她說：「好，我也不定你的罪。去吧，別再犯罪！」

我在教會很長一段時間了，這則故事讀了不下幾十次。可是直到最近，我才開始體會它的意義。也許我就跟指控這名婦人的那群人一樣，要年紀夠大，才能發現自己也不是什麼好人。我可以想像她當時的心境：不堪的往事沉重地壓在肩上，隻身一人、舉目無親，身邊一群見獵心喜的判官等著取我性命，我無處可逃，也毫無反駁餘地……但當一切看似絕望時，那位真正有權力譴責我的人卻凝視著我，眼中浮現我從來不敢奢望的情感——

憐憫，

同情，

以及希望。

我們定別人的罪常常比神更嚴厲。看到別人作惡，我們往往還沒聽完他們的說法就急著憤慨、譴責、定罪、從重量刑，但天上的父卻高聲吶喊：「慢著！我愛那個人！另一個人也還有希望！他們都可以救啊！」

可是強暴犯有救嗎？戀童癖有救嗎？人口販子有救嗎？連續殺人犯呢？藥頭呢？好吧，就算他們有救，但他們值得被救嗎？對我們來說，落實正義似乎重要得多。

問題是，如果正義必須完全落實，我們沒有人能逃得過懲罰，因為每個人都犯過罪。也許我們沒有因為種族不同就屠殺幾千人，也沒有謀殺或強暴任何人，可是我們都是罪人。就這點來說，我們全都背叛過神。

對我來說，「耶穌是罪人的朋友」是大好消息。也許我犯的罪並不大，但它們終究是罪。而且我不得不去想：要是我生長在不同環境，我會變成什麼樣子？又會做出什麼事、傷害什麼人呢？

我們的敵人不是壞人，而是「罪惡」本身。既然每個人都犯過程度不一的罪，又有什麼人有資格第一個丟石頭呢？在罪與罰的問題上，唯一有資格譴責別人的人是耶穌，可是他拒絕這樣做。

其實我們不僅很容易放棄別人，也時常輕易地放棄自己。大多數人都在兩個極端之間搖擺，一端是**自以為是**（那個噁爛的罪人活該下地獄！），另一端是**妄自菲薄**（我真是個噁爛的罪人，下地獄活該！）。但這兩個極端有共同點：它們看重的都是規則，而非與耶穌的關係。

在認識耶穌的過程中，我發現自己經歷過四個階段，每個階段都有「開悟」時刻，讓我頓時明白自己對善惡的假設是錯的：

●第一階段：我是好人，我有資格批評壞人。
●第二階段：我是好人，但我應該同情壞人。
●第三階段：我是罪人，和別人一樣需要幫助。
●第四階段：無論我現在是好是壞，耶穌都愛我，也愛每一個人。

我得常常提醒自己活在第四階段，因為有時不知不覺就退回去了。

如果耶穌現在只能對你說一件事，你覺得他會說什麼呢？就我的經驗，大多數人覺得會被訓斥或責備一番。我們以為如果耶穌只有一次輔導我們的機會，他會利用這次機會指出我們最大的錯。

「你不能再對孩子發脾氣。」

「努力一點好嗎？努力一點！給我堅強起來，別再哀哀叫了！」

「你又看色情刊物？你到底在想什麼啊！快給我清醒過來，否則就滾！」

我是覺得，如果耶穌只有一次輔導我們的機會，他會用來說他多愛我們。撒該的經驗就是如此，馬太也是，行淫時被抓到的婦人也一樣，其他數不清的罪人也都是如此。

無論我們現在是什麼樣子，耶穌都愛著我們。他沒有高高在上地朝下嘶吼，叫我們趕緊從泥巴地裡爬出來洗乾淨，這樣才配被他愛。相反地，他親自蹚入凡俗的混水，一身邋遢地找回迷失的人，治療患病的人，與心碎的人一同哭泣。

「罪」會傷害自己與他人，當然是壞的，這點我絲毫無意否認。但聖經說得很清楚：我們總是會犯罪，無論意志力多強、教育程度多高、修養多好，都是一樣，我們就是會把生活弄得一團糟。如果我們想靠自己嚴守道德，最後一定落得灰心喪志，絕望無比。

耶穌比誰都清楚我們的罪，可是他還是比任何人都愛我們。他不會因為我們墮過胎、嗑過藥、看過色情影片就放棄我們。他的確厭惡罪惡，因為罪惡會毀了我們，這是他最不樂見的結果。可是無論我們犯了什麼錯，神對我們的愛都一刻未曾改變。如果一定要說我們的錯對祂造成什麼影響，那也是更堅定祂拯救我們的決心。無論我們離祂多遠，祂都不會放棄我們。

沒有罪人無法改變或無法拯救，也沒有什麼罪嚴重到連耶穌寶血都彌補不了。只要我們願意相信，祂既深且廣的愛就能寬恕我們過去、現在、未來的罪。對神來說，罪完全不是問題。

身為牧者，我可不希望教會裡的人強顏歡笑，或是撲面上妝掩飾自己的毒癮。要是我的教會不歡迎罪人，那我最好摸摸鼻子另尋教會——因為我自己就是罪人！而且因為我懂得更多，所以也比任何人都壞。

當那些明白自己需要幫助的人齊聚教會，一起愛耶穌、彼此鼓勵的時候，我們就會開始改變。神一次改變我們一點，不著痕跡，我們幾乎感覺不出來。直到某天驀然回首，才赫然發現婚姻上軌道了、親子關係也變好了，而且我們對人更和善、也更少發脾氣。這種轉變並不是我們的功勞，因為我們做的只是與耶穌相愛，然後，神便完成了最艱難的部分。

耶穌對那位行淫的婦人說「去吧，別再犯罪」，並不是警告或威脅，而是宣告她的自由。耶穌無意責備她的過去，只希望能醫治她的未來。耶穌知道她並不想犯罪，畢竟，有誰會立志當妓女、色情影星，或走上歧路呢？人之所以深陷絕望，往往是因為環境艱困、選擇錯誤，最後才作繭自縛、無路可退。耶穌就是來打破罪與罰的循環，幫我們重新找回未來。

史密斯家訓

有位牧師朋友有一次問我：「猶達，你認識拉皮條的嗎？」

「什麼？不認識。」我有點困惑他為什麼要問我這個。

「那你認識販毒的嗎？」

「不認識。」

「藥頭呢？」

「我想沒有……」

「脫衣舞孃呢？」

「沒有！」

「那妓女呢？」

「沒有！夠了嗎？」我有點生氣了，心想他何必這樣挑釁我呢？

沒想到他面露憂色，說：「我也沒有。我覺得這是個問題。」

他一語點醒夢中人：是啊！我本來應該要認識皮條客、藥頭或妓女的，可是我沒有，因為我根本沒花時間去認識他們。我有不少「好人」朋友，他們和我的價值觀與信仰相同，我們的道德標準也差不多。身為牧師，我週間大多數時間都在準備教會服事和講道，或是與教友們討論教會事務。

依照耶穌的定義，我周遭的人都可以歸為「好人」，我也欣然接受這個環境。我願意友善對待有問題的人——可是我不想和他們交朋友。

那次對話之後，我決定敞開心房，多多結識道德標準和我不一樣的人。這樣做的目的不是為了可憐他們、責備他們，或是為傳教事工添上一筆好成績——不理解他人的價值觀，該怎麼跟他們交朋友呢？

耶穌會主動尋找、拯救迷失的人，這是他透過撒該告訴我們的事。耶穌熱愛尋找迷失、孤寂的靈魂，將他們帶回天父身邊。他不把這件事當成負擔，也不願坐等那些人走進他的教會、聆聽他的教誨。他急著走進社會找他們，去他們家裡和他們共餐，而且完全不急著離開。

他這麼喜歡與罪人同在，實在令我非常驚訝，但更讓我驚訝的是，罪人們也都喜歡和他在一起。一般說來，大壞蛋不愛和大好人相處，反之亦然。罪人對法利賽人敬而遠之，法利賽人對罪人嗤之以鼻，一點都不令人意外。法利賽人堅持只有循規蹈矩的人才算「自己人」、才算真正的猶太人。他們站在講台上唱高調，宣講連自己都達不到的嚴苛標準。他們睥睨眾人，把最需要他們幫助的人拒於千里之外。

可是耶穌不一樣。他不會放著罪惡不顧，但也絕不會放棄罪人。他慷慨散播信仰、希望與慈愛，所以我們在聖經裡常看到他被壞人圍繞，他們在他身邊好幾個鐘頭，聽他說話、問他問題、開懷大笑，也激動落淚。耶穌的熱情深深打動他們，他對生活的實用建議也令他們折服。**耶穌在他們誠心相信與行為改善之前，就先接受了他們**，解開困住他們的糾結與煩惱，讓他們重獲自由。

要像耶穌那樣自然而嫻熟地與人溝通，我還有很長的一段路要走，但即使不容易，我還是要以此為目標。我得學著傾聽更多、問更好的問題、笑得更開懷，同時也要少訓點話。

我兒子錫安現在一年級。每天送他上學的時候，我都會問：「錫安啊，咱們是史密斯家族的人，這是什麼意思呢？」

然後我們會一起念家訓：「要對人和善，鼓勵他人，照顧寂寞的人。」他有時會翻個白眼，像是在說：「老爸，快點好嗎？我要遲到了。」準時這點是遺傳他媽，我並沒有把守時看得太重，可是我非常重視人，人是我的第一要務，我也希望我的孩子能一生關心別人。

我明白我的工作不是說服別人我對他們錯，也不是要改變他們，這種做法太粗糙、也太傲慢。我得像個朋友，而非法官或老師，與人的關係才會自然。

和別人相處的時候，我們有時態度粗魯而不自知。有些人才剛和同志或同居的人認識，就以為自己有義務、也有權利告誡他們神對此的看法，彷彿他們的情感關係是神最在意的事。

並非如此。

神最在意的是恩典、是憐憫，**耶穌也是**。

坦白說，要是一個我根本不熟的人對我的生活指指點點，教訓我這樣不行、那樣不對，我會很不高興。我還是牧師呢！我本來應該好好聽他說，並保持謙卑謝謝他的指正，不是嗎？可是遇上這種情況，我八成會請他管好自己就好，我覺得這樣過日子沒什麼不對，多謝指教，慢走不送。然後把他列為拒絕往來戶，以後能不見就不見。

我的意思不是罪不重要，也不是鼓勵對別人犯錯視而不見，要是一個人可能對別人造成傷害，旁人當然不該坐視不管。但我的重點是：要是我們把一個人的罪看得比他這個人還重，就該提醒自己是否本末倒置了。

建立真摯的友誼沒有捷徑，人與人的關係原本就充滿波折、難以預料。我們不能為了讓人來教會而虛情假意，這種充滿算計的偽善只會破壞彼此關係，分道揚鑣只是遲早的問題。

在〈約翰福音〉三章十六節中，神告訴我們何謂真正的愛，這或許也是聖經裡最有名的句子：「上帝那麼愛世人，甚至賜下祂的獨子，要使所有信祂的人不致滅亡，反得永恆的生命。」

上帝那麼愛世人：祂每一個人都愛，不只愛世上的好人、愛祂的人，或是祂知道會回報祂的人。所以我們也該敞開心胸，走出舒適區，擴大朋友圈。

賜下祂的獨子：為了建立真正的關係，祂也願意做出真正的犧牲。我們有時得為關心別人而擱下原本的目標或行程，我們得像耶穌一樣隨時願意被打擾。

所有的人：祂的愛與接納都不帶條件。付出愛有其風險，我們可能被拒絕，可能被我們幫助的人傷害。但愛終將得勝。

愛與罪人

我對自己和我們教會的期望，是希望有一天我們看待罪人的方式，能和神看待他們一樣（更好的說法或許是：能和神看待**我們**的方式一樣）。不疾言厲色地譴責他們，也不妄圖矯正或拯救他們（其實我們也拯救不了），只對他們付出愛。

他們已受過太多社會譴責，也已深受罪惡感和羞愧所苦。他們真正需要的不是再一次的訓斥，而是能讓他們認識耶穌的朋友。

耶穌知道迷失的人需要什麼，所以不論他到哪裡，都有一大群人前呼後擁。我深信，如果我們能在西雅圖活出耶穌，這個城市一定會愛上他。只要大家認識耶穌真正的樣子，一定抵擋不了他的魅力。

事實上，人們比我們認為的更接近神，神也比我們想像中更接近他們。要是我們太執著於量尺式思考，很容易以為某些人離神很近、另一些人離救贖很遠，但實際情況可能正好相反：我們以為離神極遠的暴徒，也許最明白自己糟透了，亟需上主伸出援手。

在教會裡長大的我，常以為人們對救主耶穌毫無興趣，一點也不想和他建立關係，我以為大多數人以犯罪為樂，覺得神很無趣、信仰只是老生常談。

事實上，這裡大多數人都願意認識我們認識的耶穌。他們看過教堂頂上的耶穌、釘在十字架上的耶穌，甚至對他印象不錯，知道他是個好人、好老師，但他們知道耶穌是罪人的朋友嗎？知道耶穌並不生他們的氣嗎？是否知道他曾活在世上，也了解世人的苦？是否知道他現在還在這裡，隨時準備伸出援手呢？

如果你曾開口去問：「我可以為你祈禱嗎？」就會發現人們通常都樂意接受，即使在西雅圖這個全美最世俗的都市之一亦然。

很多人以為罪的力量沒傳言中大。他們認為靠自己就能變得更好、更不自私，只要努力就能克服性的誘惑、按捺情緒……等等。

你曾有過這種想法嗎？我想有的；你曾嘗試過嗎？我想也是有的。但我們都需要耶穌，無論「好人」或「壞人」，無論是認識他好幾十年的人，或是第一次聽說他的人，無論是牧師或娼妓——我們都是罪人，都需要來到耶穌面前，聆聽他的話語。

耶穌是罪人的朋友，所以他是我們的朋友。

PART.2

因為耶穌是＿恩典＿

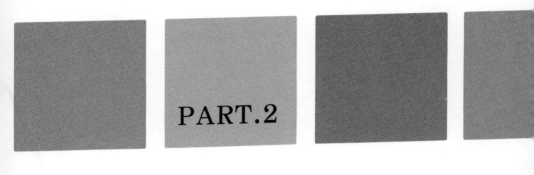

第4章

擁抱狂衝而來的恩典

我是個擁抱高手，我喜歡擁抱。從小爸媽就跟我說：「要抱抱，不要吃藥藥。」但我發現有些人似乎不善擁抱，這也不能怪他們，因為顯然沒人教他們該怎麼回應擁抱。有時你想給人一個溫暖的擁抱，結果他側過身來跟你勾肩搭背，或是跟你抱到同一側，兩個人差點接吻；有些人比較拘謹，被擁抱時全身緊繃、動也不動，讓你覺得像是在抱衣架子或機器人——這可不是擁抱的良好示範。

有一次我跟太太雀兒喜去度假，到下榻的地方時已是午夜，我們倆都沒鑰匙，只好按電鈴請老闆幫我們開門。那位老先生顯然已經睡了，穿著睡袍、一臉惺忪地來開門。他人很不錯，雀兒喜想擁抱他一下謝謝他，結果他猛地一驚，抽身向後，像是癲癇發作一樣。

一大堆人都像這樣，不知如何接受擁抱。

我們面對恩典的態度也常是如此，這頗耐人尋味。神賜給我們的東西太好——免費、無償、完全的寬恕——好到不像是真的，於是我們傻楞楞地站著不動，既尷尬又不知如何反應，像是等著這熱情的擁抱趕快結束，好盡快抽身，繼續為上天堂而奮鬥。

我們必須擁抱恩典，必須學著如何回應擁抱。

認識恩典

大多數人不知如何定義「恩典」，也不知如何界定擁抱。聖經裡到處都看得到這個字，有人還說它是聖經裡最重要的概念與詞彙。恩典是基督宗教的基石，也是救贖的本質。既然它這麼重要，我們或許應該好好認識它。

韋氏字典對這個字有八種定義，不過，列在最前面的那個定義，最接近聖經中「恩典」的意義：為人的新生或聖化所賜予的無償神聖助佑。

如果你的語文程度跟我差不多，讀這個定義的時候大概會眼神放空一下。我相信一定有人一讀就懂，而且感到心有戚戚焉。但我實在沒辦法，我需要具體的例子才能理解這個定義。

我喜愛耶穌的原因之一，就是他說話平易近人，不會為了令人嘆服而故弄玄虛，總是用故事來做比喻。如果他是今天來到世上的話，我想他會開推特、寫部落格，也一定會吸引大批網友。因為他筆觸真誠、說理清晰，而且總能一語中的，直觸問題核心。

在耶穌所說的寓言裡，我最喜歡的一個，就是〈路加福音〉第十五章的「浪子回頭」。「寓言」指的是有道德警世意涵的虛構故事，像《伊索寓言》就是其中之一；「浪子」

的「浪」（prodigal）在原文中則有「浪費」之意。由於這則寓言相當有名，後來大家遇到迷途知返的例子，都常以「浪子回頭」比喻。

寓言的目的是教導某些東西，所以要了解這則寓言，我們得看看耶穌是在什麼情況下說的。耶穌說這則寓言時，宗教人士又在批評他與罪人為伍。〈路加福音〉這麼描述道：「有一次，好些稅棍和壞人都來聽耶穌講道。法利賽人和經學教師們埋怨說：『這個人竟接納壞人，並且跟他們一起吃飯！』因此，耶穌給他們講一個比喻……」[1]

結果耶穌一次講了三個比喻。在我讀來，那些宗教人士的意思是這樣：「你為什麼老愛跑去那些龍蛇雜處的地方，跟那群地痞流氓啃鹽酥雞吃燒酒螺呢？」

耶穌的三個寓言都是要回應這個質問。他的第一個故事是關於一隻走失的羊。他說有個牧羊人把九十九隻羊留在安全的地方，自己跑去荒野找一隻迷路的羊。找到之後，他高興得邀了朋友一起來慶祝。耶穌說這則寓言的道德意義是：「一個罪人的悔改，在天上的喜樂要比已經有了九十九個無需悔改的義人所有的喜樂還大呢！」

第二個故事是關於一枚遺失的硬幣。耶穌生動地描繪找東西時有多焦急，找到時又有多開心，最後說：「上帝的天使也要為了一個罪人的悔改而高興。」

補充一下：當「壞人」脫胎換骨、重獲新生時，不僅天堂要歡呼，我們這些「好人」

也該慶祝。所以我覺得在教堂該歡笑、該跳舞、該慶祝，不要嚴肅拘謹，反而該傳達天國的喜樂。

再插句話：我常聽人說宗教很無聊，純潔度日有多枯燥乏味，要上天堂不如下地獄，至少在那裡可以跟朋友開派對。抱歉，我覺得這完全是搞不清楚狀況的說法——要說誰最能把派對辦得神魂顛倒、轟轟烈烈，應該非宇宙造物主莫屬。畢竟連「歡樂」都是祂創造的。我是這樣覺得啦！

耶穌說的最後一個故事，就是浪子的寓言。這是三則寓言中最長的一個，就算你已經聽過了，還是值得再讀一遍：

某人有兩個兒子。那小兒子對父親說：「爸爸，請你現在就把我應得的產業分給我。」父親就把產業分給兩個兒子。

過幾天，小兒子賣掉了分得的產業，帶著錢，離家走了。他到了遙遠的地方，在那裏揮霍無度，過放蕩的生活。當他花盡了所有的一切，那地方發生了嚴重饑荒，他就一貧如洗，只好去投靠當地的一個居民；那人打發他到自己的農場去看豬。他恨不得拿豬

1. 路加福音15章1～3節（編注：耶穌接下來講的三個比喻也同樣出自15章）。

吃的豆莢來充飢；可是，沒有人給他任何東西吃。

最後，他醒悟過來，說：「我父親那裏有許多雇工，他們糧食充足有餘，我反倒在這裏餓死嗎？我要起來，回到父親那裏去，對他說：爸爸，我得罪了天，也得罪了你。我再也不配作你的兒子；請把我當作你的雇工吧！」於是，他動身回父親那裏去。離家還遠，父親望見了他，就充滿愛憐，奔向前去，緊抱著他，不停地親吻。兒子說：「爸爸，我得罪了天，也得罪了你；我再也不配作你的兒子。」

可是父親吩咐僕人說：「趕快拿最好的衣服給他穿上，拿戒指給他戴上，拿鞋子替他穿上，把那頭小肥牛牽來，宰了，讓我們設宴慶祝！因為我這個兒子是死而復活、失而復得的。」於是大家歡宴起來。

那時候，大兒子正在農場。他回來，離家不遠，聽見音樂和跳舞的聲音。他叫一個僕人過來，問他怎麼一回事。僕人回答：「你弟弟回來了，你父親看見他無災無病地回來，把小肥牛宰了。」

大兒子非常生氣，不肯進去；他父親出來勸他。他卻對父親說：「你看，這些年來，我像奴隸一樣為你工作，沒有違背過你的命令，你給過我甚麼呢？連一頭小山羊讓我跟朋友們熱鬧一番都沒有！但是你這個兒子，他把你的財產都花在娼妓身上，現在回來，你就為他宰了小肥牛！」父親對他說：「孩子啊，你常跟我在一起；我所有的一切都是你的。可是你這個弟弟是死而復活、失而復得的，我們為他設宴慶祝是應該的。」

三則故事，三個遺失的人或物，三位尋找的人。耶穌顯然很想、很想讓這些自以為是的人了解：神愛壞人，當他們回到祂身邊時，祂會歡欣無比。

法利賽人不相信神會為壞人歡慶——教訓他們一頓還差不多，讓他們付出代價更是理所當然，為他們辦宴會？沒搞錯吧？法利賽人塞滿規則的腦袋很難了解恩典，面對恩典的擁抱，他們不知該作何反應。

關於浪子寓言的講道，我聽了不下幾十次，連我自己都講過不只一次。我們這些講道人把焦點放在兒子身上，一直強調他有多笨、多傻、犯的罪多重。但我們都弄錯了重點：這個故事的主角其實是父親，而非兒子。兒子揮金如土，毫無節制地奢侈浪費；而父親呢？他也毫無節制、大方慷慨地付出愛，只為了重新挽回他的孩子。

且讓我們回頭看看前兩個故事：那隻走失的羊做了什麼，好讓主人能找到牠呢？什麼都沒做。要說牠見到主人時有什麼反應，大概也是跑得更遠——我沒養過羊，但聽說羊就是這樣傻乎乎的。第二個故事裡的硬幣呢？它又做了什麼？同樣什麼也沒做。它只是一身灰塵靜靜地待在角落，然後那位婦人就來找它了。

我們講道時顯然不會說這頭羊多誠心悔改，或是那枚硬幣多努力想找到主人，可是一提到浪子的寓言，我們卻常常把焦點放在他的悔過與謙卑，好像他是因為這樣被寬恕似的。

當然不是。他當時不僅身敗名裂、花光遺產，連兒子的名分都拋棄了。他的行為令父親蒙羞，當他去豬圈裡做工時，整個家族的榮譽都跟著掃地。

沒錯，他的悔過的確很重要，因為若非如此，他根本不會回頭找他父親。然而無論他多自責、多後悔，都不足以讓他有資格被接納。

親愛的老爸

我不時會想像他準備道歉詞的畫面。想到父親為人和善，連僕人都不曾餓著，他也許打算好好把道歉詞寫下來，好讓父親同意他回去當僕人。

一開始的念頭也許是：「對了，我總不能什麼都不準備就回去吧？我得想想該說什麼說服他，讓他准我回去。」於是他席地而坐，找出幾片莎草紙，撿個羽毛沾沾墨水，開始打草稿。

「親愛的老爸：你人最好了！我很想你……」**不行，這太蠢了**。他一把揉掉，再次沾沾墨水開始寫。

「最親愛的父親：如果全世界的父親都在我面前，而我只能選一位，我一定會選……」**不行，還是有夠蠢**。揉掉。

「嗨，老爸：我真想念小時候和你嬉鬧的時光……」**不對！這樣還是很怪**。應該趕快講重點。

「親愛的老爸：我得罪了天，得罪了你，也得罪了每一個人。我再也不配作你的兒子，請讓我當你的僕人吧。」他把紙折好，草鞋綁緊，然後直起身來研究一下地圖，往老家方向走去。

但是，請等一下，這裡我有個問題：他為什麼會說「我再也不配作你的兒子」呢？——他什麼時候**配**過呢？

我有兩個兒子一個女兒，兒子一個八歲、一個五歲，女兒三歲。如果他們哪個人有天晚上跑來跟我說：「爸，我想我終於做到了。我最近變乖很多，所以我想……只是想啦……我是不是有資格當你孩子了？」

我大概會哭笑不得，甚至有點不高興：「資格？小鬼，你知道自己在講什麼嗎？快去給我吃完我買的晚餐，穿好我買給你的睡衣，然後去我買給你的床上睡覺。」他們是我孩子，我愛他們，為了他們我死都願意，我什麼事都願意為他們做，這跟他們乖不乖、好不好無關（以後也不可能有關）。為人子女和「資格」八竿子打不著。我們不是因為符合資格才成為神的兒女，而是因為被祂所生。所以耶穌說我們必須重生，必須為神所生。

哪個嬰兒被生是因為自己努力呢？醫生可沒拿個擴音喇叭對產道呼喊：「小鬼，加油！用力一點！再努力一點！我看到你的頭了！」費盡千辛萬苦的是媽媽（雖然不少老爸也說他們很努力），而不是嬰兒。

當我們相信時，恩典就會開啟我們靈性的新生——也就是重新「為神所生」。〈以弗所書〉（厄弗所書）說：「你們得救是本乎恩，也因著信；這並不是出於自己，乃是上帝所賜的；也不是出於行為，免得有人自誇。」

那要相信什麼呢？很簡單：信耶穌存在、為我們的罪而死，並復活賜給我們新生命。我們之所以成為神的孩子，並不是因為表現夠好，而是因為耶穌已完成了一切，我們只要拼上「信」的拼圖，整個作品便告完成。

很多人早就知道自己是被恩典所救，但還是不時想錯方向，總是想著：既然我是基督徒、也懂得更多，為了繼續留在神的身邊，我一定得再多做點事。我得保持專注、警醒，努力嚴守正道。

這是何必呢？耶穌在我們出生之前、在我們有能力為善為惡之前，就已經為我們而死。人為什麼還需要「多做點事」、「嚴守正道」才能留在神身邊呢？耶穌何必特地來讓我們依律法過活呢？

當恩典向你衝過來

回到浪子的故事。他還沒到家，他父親就遠遠看見他了。這位老先生不知等在門外幾個月、還是幾年了，鄰居都把他當成傻子。他每晚望著遠方的地平線，滿心盼望能迎回那個熟悉的身影。

「老哥，別再等了。」他的鄰居、朋友一定這樣講過：「那小子是個不肖子。他人在福中不知福，居然就這樣離家出走了。別再等了，他不值得你愛。」

但這位父親就是不肯放棄。對他來說，根本沒有配不配、對不對的問題，這樣枯等有沒有用他也不在意。他才不打算堅持什麼政策或律法，因為事關他兒子，他的親骨肉，這是他自己的事。

聖經說：「離家還遠，父親望見了他。」請注意這一點：他當時「離家還遠」。為了找到上主、說服祂讓我們進祂的家，我們是可以使出渾身解數、窮盡畢生所學、用盡一切方法——但即使我們機關算盡、做了一切準備，我們還是離祂很遠很遠。簡言之，我們無法靠自己回到神的家。

浪子就這樣來了。他一邊看著地圖，心裡一邊盤算該說什麼：「我應該快到了，從沒離家這麼遠過。該怎麼求老爸讓我再進家門呢？」他幾乎想破了腦袋。

怎料，抬頭一望，居然看到個老先生向自己衝來。

是老爸。

讀到這裡，我們也許只是心想：「哇！不錯嘛！老爹還能跑。」但我聽說，在當時的中東，男人跑步會顯得不夠莊重、有失身分，社會地位高的人尤其如此。

也請注意：耶穌說這個故事時，旁邊可是有一大群人在聽，而且他們對耶穌充滿好奇：耶穌為什麼上星巴客呢？為什麼他點特大杯香草熱那堤？為什麼他跟某某人說話……現在耶穌講了個浪子回頭的故事，說到他離家還遠，那位老爹就**跑向他**……

等等，他說的是「跑」嗎？我想在場的人一定一臉詫異，心想：「我可從沒看過我老爸跑。當爸的人怎麼會跑？」

耶穌到底想傳達什麼呢？

狂熱的愛。慷慨、滿溢、向你衝過來的愛。這樣的愛讓老父一時忘了身分、忘了尊嚴，什麼都不想就往前衝。

我記得我兒子錫安四歲時，我陪他去玩足球。他上場，我和兩歲的艾略特站在場邊看他踢。沒過多久，這群小朋友開始搶球——天啊，那真是有史以來最慘的一次搶球——六、七個小朋友跟無頭蒼蠅似地亂跑。突然球從人群裡滾了出來，直向球門蹦去，錫安也竄出來追著球跑。我一時忘情，又叫又跳：「跑啊！小安！快跑！」我沿著邊線狂奔：「快踢！給它踢進去啦！」

我可能得講一下：那場球賽並沒有其他父母到場，名為「練球」，其實是托兒。我想那個教練一定心想：「老天！那個大叔是怎樣啊？」

錫安當時才四歲，但對我來說，那簡直是幼兒版的世界盃。我擠開一群隱形的攝影記者、推倒好幾個看不見的補給站，放聲大叫：「小安！快踢！快踢進去！」我邊喊邊用腳誇張地踢，唯恐他不知道我的意思。

錫安突然不看球了，轉頭盯著我看，我驕傲地望著他，他笑著看著我。然後他突然伸腿一踢，球一蹦一蹦地進了球門。

「太棒啦！就是這樣！果然是我兒子！讚！」我旁若無人地大喊，T恤一脫拿來瘋狂甩動，然後一把抱起錫安，放他在肩上跑過整個球場。

後來我總算回神，搞清楚自己剛才都做了些什麼事。那位來教小朋友踢球的大學生偷偷看我，八成在想：「大叔，你得注意一下，該去看看醫生了。」

我見過不少老爸在孩子比賽時失態，我也總是信誓旦旦自己絕不會這樣。可是現在只是練球，甚至不是比賽，我就瘋了似地鬼吼鬼叫。看著自己的孩子很難不得意，他們長得像你，動作也像你，瞧他們一身勁裝，戴著護腕、護膝，煞有其事的樣子，突然好運臨門滾來一球，他們搖搖擺擺地衝上前去——剎時，你的矜持與架子都不見了！我很難解釋那種心情，當時想都沒想就開始狂奔，只知道**我要為我兒子加油！**

那是瘋狂的愛，父親的愛。

在浪子回頭的故事裡，那位父親就像是我們的天父，我們隨便一點小事都令祂歡喜不已。祂很可能成天在天堂的臉書上發文，炫耀祂每個孩子的一舉一動，也許天使們看了好笑，還會問祂：「主啊，這有什麼大不了的呢？這傢伙根本是白癡嘛！」

而神會說：「是啊，這小子真的滿蠢的。但沒關係，我以他為傲，而且他遲早會成長的。」

即使在我們自我中心、犯下大罪的陰暗時刻，神還是愛著我們，不論何時祂都愛。只要祂看到一點點悔改的跡象，祂便欣喜若狂，將我們擁入懷中，高聲要人拿來新衣、新鞋、戒指，為我們辦場宴會。

這就是恩典。

美好得令人難以置信

我們再來看看浪子的故事：他應該自知犯了大錯，受到懲罰是天經地義，要是父親不再見他也理所當然。他有心理準備，當時聽耶穌說故事的人恐怕也這麼想。可是他還沒到家，父親就遠遠向他跑來。路加說那位父親「充滿愛憐，奔向前去，緊抱著他，不停地親吻」，有個聖經譯本還說「他一把抱住孩子的脖子」。那是個大大的擁抱，他幾乎把兒子抱得喘不過氣，在那當下，他絲毫不顧旁人觀感，抱著兒子親吻起來。

那兒子原本既孤獨又骯髒，歷盡滄桑、渾身發臭，恐怕疲累到連站都站不穩。現在他倚著父親的臂彎，一心只想回到無憂無慮的童年。

但他還是猛然想起，自己根本沒有資格再為人子。這不公平，也不對，至少照理來說他該付出代價。於是他試著掙開父親的手，準備求他收自己為僕。

我們必須切記：當時聽耶穌說故事的那些人，個個都生活在嚴格的律法之下，他們的思考方式與浪子無異。但他們聽到這裡，可能已經開始疑惑：這個耶穌究竟是何方神聖？他怎麼會講這樣的愛？法利賽人和祭司不是都說人各有報嗎？人就該把責任盡好，要祈禱、要讀聖經，把種種細節都弄清楚，好好當個完美的人。這個人說的那種愛，我以前聽都沒聽過。

當耶穌把浪子的話講出來時，我猜每個人可能都在想：「說得真好。這樣講就對了，他爸應該會被說服。」他們搞不好還會想：「嗯，我要把這招學起來……」要是他們真的這樣想，接下來的發展會更讓他們吃驚。

浪子好不容易站定，正吞吞吐吐地說：「爸，我得罪了你，我不配……」

他父親立刻打斷他的話，無視他的道歉，回頭就叫僕人帶上新衣、戒指給他兒子，囑咐馬上幫他大肆慶祝。

慶祝？這個兒子有什麼成就值得慶祝嗎？這是大兒子的質問，也是法利賽人和很多人的質問。事實上，當你我遇上恩典時，也多半會問同樣的問題。

他**什麼成就也沒有**。但重點不是他做了什麼，而是他父親給了恩典。浪子該做的事很簡單：接受父親的寬恕。

這兒子驚訝得有些恍惚，但心中燃起希望，重新和父親進了家門。宴會開始了。每個人見到他都很高興，熱情歡迎他回家。沒人責備他，沒人輕視他，更沒人排擠他。

他看看新衣，摸摸戒指，蹭蹭腳上的新鞋，一切就如從前。**這是真的嗎？爸爸說了一句話，我做的傻事就一筆勾消？我犯了這麼多錯，未來卻仍有希望？**這一切好得讓人不敢相信。

這就是恩典。

第5章

恩典其實是個人

恩典的名字

如果人家送你禮物時跟你說：「打開打開！我想看你的表情！」你應該會覺得有點緊張。就我的經驗來說，接下來的情況通常不太好應對。我相信你一定知道我的意思。送禮的人認為你一定會喜歡，也等不及要看你的反應，期望你放聲大叫、感動落淚，甚至當街起舞。

於是你打開了，卻完全不知道為什麼要送你這個，你只好「哇！」、「喔！」幾聲——這種反應最保險，而且還可以幫你爭取一點時間，讓你好好調整臉部肌肉。

「喜歡嗎？」他們一臉期待地問。

「喜歡！當然喜歡！我超想要的！想很久了！你怎麼知道我想要？」

等他們離開之後，你默默把禮物放進儲物櫃裡，等他們下次造訪再拿出來，因為你到頭來還是不知道這個東西有什麼用。

我們大多數人收到恩典時也是如此。不是不知道它是什麼東西，就是不了解該用它來做什麼，於是把它擺進櫃子裡放著，等到遇上麻煩才把它拿出來。

由於對恩典認識淺薄，有些人加以濫用。他們對罪惡明知故犯，知道真理何在卻不予理會，等到被當場活逮才訴諸恩典，苦苦哀求赦免。對他們來說，恩典就像是法律漏洞，是基督徒的最後王牌，需要時拿出來，一切責任就能全部豁免。

我年紀輕輕就當了八年牧師，看過不少生活糜爛、卻仍號稱自己是基督徒的渾球。我有時會問他們：「最近如何？有好好過日子嗎？」

「呃，不算太好……你也知道嘛，我就是個爛人，有時候難免會碰碰女人跟毒品。但整體說來還可以啦。」

「我也是爛人啊。當個好人並不容易，但總要抱持希望。不過，你是想好好過日子的，對吧？」

「我不確定耶……我是覺得自己還不錯，比很多人好多了。犯罪當然不好，但就是這樣才需要神的恩典，對吧？」

「什麼？神的恩典？」我有點訝異，他們顯然沒搞清楚狀況：「是啦……神給了你恩典來幫助你改變。你覺得自己有變好嗎？」

「好像沒有……其實我好像變得更糟……唉不管了，神的恩典萬歲！」然後他們拍拍屁股走了，沒有任何改變，也不在乎自己有沒有改變。

成天把恩典掛在嘴邊卻不斷犯罪的人，其實根本不知道何謂恩典。他們不知如何善用這份禮物，於是拿來當藉口、當豁免證、當遮掩髒污的擺飾。但恩典可不是用在這種地方，這樣做跟在臥室裡擺輛腳踏車沒兩樣。

但話說回來，要是我們太過苛刻，也可能反應過度，為恩典設下重重限制與標準，唯恐有人濫用。這樣只是讓自己變成吹毛求疵的偽君子，也完全扭曲了使人自由的真理。

此刻，我一邊寫下神慷慨大度、無條件地擁抱壞人，以祂的愛抹去種種惡行，一邊彷彿聽見有人擔心地說：「他最好別把恩典講得太過頭，最好平衡一下恩典與真理，最好夠資格說這些話。要是他開口閉口只講恩典，大家會開始犯罪的。」

事實上，大家早就開始犯罪了。人沒有恩典也會犯罪，但要收拾他們犯下的罪，則非靠恩典不可。

直到最近，我才真正了解恩典改變了我的人生。其實這不是什麼新發現，大多數人聽過成千上百遍了，而且聖經上就是這樣寫的。但我到最近才真正消化它的意義，這也讓我的很多問題迎刃而解。

恩典不只是規則、不只是空洞的概念、不只是教條，更不是掩蓋罪惡的工具。

恩典其實是個人，他的名字叫耶穌。

恩典滿溢

約翰（若望）是耶穌的門徒和好朋友，他是這樣講耶穌的：「我們看見了他的榮耀，這榮耀正是父親的獨子所當得的，充滿恩典和真理……從他的豐盛裡，我們領受了恩典，而且恩上加恩。上帝藉摩西（梅瑟）頒佈法律，但恩典和真理是藉耶穌基督來的。」[1]

這短短一段經文，有許多重點值得一談。首先，耶穌充滿恩典與真理，這代表恩典與真理並不相斥，而且性質類似，所以我們不必刻意在恩典與真理間取得平衡。耶穌同時具現了兩者，我們越接近耶穌，就也能得到更多的恩典與真理。

其次，這段也提到耶穌的恩典替代了摩西藉律法傳遞的恩典，耶穌並不否定規則的益處，也相信律法有其意義，但追根究柢，我們還是得依靠恩典才能接近神，不能仰賴律法。

更重要的是，這段話說耶穌「充滿恩典與真理」，而且藉由他的豐盛，我們「恩上加恩」。換句話說，耶穌具現了恩典、滿溢著恩典，**他就是恩典**。見過耶穌的人也許會說：「那個人真的不一樣！他的一舉一動、舉手投足都是恩典。」耶穌讓人見到恩典。看過

1. 約翰福音1章14~17節。

他、聽過他講話的人都認識了恩典，而且將終生不忘。

關於恩典的定義，我最喜歡加州聖費爾南多谷（San Fernando Valley）牧師作家傑克・海佛德（Jack Hayford）說的：「恩典是神在我們需要時，在耶穌基督裡與我們相遇。」也就是說，在我們需要幫助時，神賜給我們恩典，而**他的名字是耶穌**。

我無意使用冗言贅語，只是希望能把這件事講清楚：耶穌是恩典之源、恩典的精髓、恩典的具顯，耶穌就是恩典，恩典就是耶穌。

如果你認識耶穌，你就認識了神。我們最具破壞性的行為之一，就是以自己的想像界定神。以主觀、不可靠的方式描述祂，認定祂跟我們想像中一樣。於是，要是我們的父親行為不端，或者我們自己就是糟糕的父親，我們便以為神也是個爛父親；要是我們曾被排擠、被虐待、曾受暴政之苦，便以為神喜歡施暴、濫用權威。

有些人始終恐懼上主遺棄他們、報復他們，但他們沒有任何事實根據，只是主觀地把上主想像成那個樣子。我們對自己的惡行感到愧疚，也知道自己只是有限的存在，便以為那位無限公義的神，必然對我們無限地氣憤。

可是神卻在天上疑惑地問：「你怎麼會把我想成那種德行啊？」

所以耶穌來到世間，告訴門徒們說：「誰看見我就是看見父親。」[2]耶穌來介紹父親，讓我們認識神的樣貌。如果你想知道神怎麼看待你、會對你犯的罪說些什麼、和你面對面談話時會講些什麼，請去看看耶穌吧！你會知道的。

濫用恩典

如果我們了解恩典是人，而不是規矩，就不會還想要濫用恩典。要濫用、操弄或規避規則不是什麼難事，但要傷害一個人或破壞一段關係，就不是那麼容易的事了。

雀兒喜和我結婚十二年了。她是位迷人、聰慧、善良的妻子，能娶到她是我三生有幸。我們本來就是很好的朋友，後來陷入熱戀，交往過程也充滿歡笑。我很高興能與她共度餘生。

但我也得承認，我在婚姻上的付出沒有她多。她比我更像個好伴侶，這段婚姻會如此美滿得歸功於她。她知道我有缺點，但她反而能幫助我轉化這些缺點，讓我變得更好，也讓她過得更好。我深深感到被愛，也過得很開心。

在十二年的甜蜜生活中，我從來也沒有想過：「猶達啊，你看雀兒喜那麼愛你，把

2. 約翰福音14章9節。

你照顧得無微不至，而且又對你這麼忠實——你騙騙她也不會有事的。反正就算被她發現，她還是會原諒你、繼續愛你。」

我從來也沒有這樣想過，這十二年來一次也沒有，以後也不會。這個念頭太荒謬、也太令人作嘔。

為什麼呢？因為我並不是忠於一個叫「婚姻」的抽象概念，而是忠於一個人。她對我的好，只會讓我更愛她、對她更忠實，絕不會讓我想要濫用這份信任。

如果有人聽說了恩典，第一個念頭卻是：**這是說我可以為所欲為，而且神一定會原諒我嗎？**那代表他還不了解恩典，只是聽到了一個抽象的「恩典」概念，或是聽了一場還不錯的講道。

如果你遇見恩典、擁抱恩典、凝望他眼中的熾火、看見他手上的指紋、感受到他對你無盡的愛，你絕不會想犯罪，只會想變得更好。

如果你遇見恩典，他將成為充盈你信仰的燃料。因為對他的愛，我們祈禱、讀聖經、參加敬拜、純潔度日。人很難長久地持守教條，維繫一段關係卻不是難事，我們也自然會為所愛的人付出一切。

小心藍色小精靈

「藍色小精靈」（The Smurfs）不久前拍了電影。如果你沒看過這部電影，八〇年代也沒看過這部卡通的話，就讓我稍微介紹一下：這齣卡通的主角是一群藍色小精靈，他們一起住在村子裡，有個叫賈不妙的巫師成天想抓他們，但他們總能化險為夷。我對這個卡通的印象就是歌很難聽，而且每個藍色小精靈都有口頭禪。

「唉唷你好唉唷喔！」

「我討厭這種討厭的天氣。」

「老爸說我們每個小精靈的老爸都要聽老爸怎麼說，所以老爸說他老爸……」

大概就是這樣。

我也是八〇年代長大的，我記得有些朋友家裡不准看「藍色小精靈」。為什麼呢？因為他們爸媽認為精靈也是一種魔鬼。這種想法在基督徒圈子挺普遍，不但牧師講道時再三訓誡，還有人寫書警告，說藍色小精靈就是小魔鬼，賈不妙是巫師，而且卡通裡不僅有提到魔法、咒語，甚至還有隻黑貓！看「藍色小精靈」有害孩子信仰，會領他們走上歧途。

我相信這本書的某些讀者一定知道我在講什麼，其他人可能搔搔腦袋，心想這個作者不知道是在哪個星球長大的。

我來解釋一下：有些基督徒和教會出於好意，會極力保護孩子避開惡勢力影響。於是他們制訂規格，告訴大家什麼好、什麼不好。我無意評論我自小遵守的規則是對是錯，因為那不是重點。該保護孩子不受壞影響嗎？百分之百應該；可是，有些基督徒是不是反應過度了呢？的確如此。

可是，重點不是我的童年過得比別人更無趣或更聖潔，也不是看了「霹靂游龍」（Baywatch）電視影集會不會留下惡獸的印（如果你沒聽過「霹靂游龍」或「惡獸的印」，沒有關係）。重點在於：我們有些人把規則看得太重了。

規定不是不好，但它們無法拯救人。規則或法律頂多只能設下限制，警告犯規者將受懲罰，可是人們還是能權衡輕重，選擇要不要犯規。

我的父母比大多數父母嚴格，但我無意反抗，也不打算背離上主，我不想為了知道犯罪有不有趣，就故意闖出去惹些事端。

為什麼呢？我選擇不做並不是因為有規則要遵守，或是犯了錯會被懲罰，更不是我天生溫良恭儉讓（我父母和妻子都能證明），而是因為**我很在意關係**。

我有時的確不認同他們的判斷，如果我真的要和他們爭辯，我也能講出不少理由。可是我從不懷疑他們愛我，所以我相信他們的規則正是因為對我的愛。不論他們的判斷是對是錯，都不比他們的動機來得重要。

有些父母立規矩不是出於愛，而是因為恐懼。他們想用規則讓孩子兢兢業業、謹言慎行，但這樣做不會成功，因為規則的意義並不是如此。規則是引導人建立關係，但無法取代關係。

容我提醒各位：太重視關係而忽略恩典，會讓孩子誤以為「他們的行為」比「他們是誰」更重要。

請停下來稍微想想。

不僅親子之間的關係比規則重要，神人之間也是如此。對神來說，關係遠比律法重要，而且重要太多了。

耶穌也證明了這一點。他愛罪人——他愛我們，而且遠在我們做了任何值得他愛的事之前，他就先愛了我們。他甚至為我們的罪付出生命，好讓我們與神建立永恆的關係。

所以可以想見的是，神看到我們在恩典與愛的關係上設下重重規則，嚴嚴密密地將它圍起，一定頗為失望。我們把關係變成宗教，不斷分析、量化恩典，把它寫成規則，結果恩典變得像是人的作品，而非神的恩賜。

我們會這樣做，原本也是出於好意。我們知道是自己的罪將耶穌送上十字架，於是下定決心永遠不再犯罪，因此我們設下規定，希望能讓自己離罪惡越遠越好。

然而，這種解決之道也正是我們的問題所在。試問：難道「不犯罪」就夠了嗎？神最在意的就只是「不犯罪」嗎？當我們到了天堂門前，神難道會點開檔案仔細計算一番，然後跟我們說：「嗯，你做的好事和壞事都不少，好在你的比數高過全國的平均值，所以我讓你進來好了。」

我們和耶穌相見時，不太可能惴惴不安、掛念著罪。我們會滿心歡喜，沉浸在他的恩典與愛之內，只願永遠待在他懷中。

如果我們制訂規則的原因是怕人們犯罪，最後只會離信仰越來越遠，但拯救我們的不是恐懼，而是信仰。小心翼翼地極力避免犯錯，到頭來很可能適得其反——成天把心思放在自己並不想做的事情上，最後可能反而被吸引，如飛蛾撲火般地飛過去（好吧，如果你覺得現在都廿一世紀了，說「飛蛾撲火」有點過時，那說「如蚊子撞向捕蚊燈」也可以）。

訂立規則、遵守規則有其必要，但規則不該是重點所在。重點應該是信仰、是恩典、是耶穌。

我們有時太執著於不犯罪，以致忽略了更為重要的恩典。我們抱著過去種種譬如昨日死的精神，豪氣地向神宣告：「謝謝祢赦免我的罪！從現在開始我會重新做人！」然後才一眨眼的功夫，我們又狠狠撞上另一面牆。神苦笑一下扶我們站起，我們再次感謝祂的寬赦，然後往下一面牆撞去。

我並不厭惡規則，但我的確認為應該適可而止。更重要的是，我們必須認識恩典的豐沛與大能。

最起碼的概念是：規則能做到的，恩典都能做得更好，而且能發揮作用的範圍更廣。

為什麼規則的力量有限？

我在這裡分享一些個人的觀察，說明我為什麼覺得規則的作用有限，但恩典卻是必要的。這些想法當然還很粗淺，一定有不足之處，所以也請別對我太嚴苛。如果你天生奔放不羈、常為無法循規蹈矩而苦惱，或是力求完美、自豪樣樣過人，這些想法或許對你有些幫助。

1.規則時常流於抽象

有些情況處於灰色地帶，並非黑白分明，該怎麼做有賴仔細思考、審慎判斷。我無法幫你做決定，你也無法為我做決定。我當牧師越久，越不敢輕易提出建議，倒是更常擁抱有困擾的人，並與他們一同祈禱。

如果你執意要列出一份對錯清單，好讓生活更聖潔、更幸福，我恐怕幫不了你。我沒聰明到能告訴你遇到什麼情況該怎麼做。

但我知道有個既單純又零失誤的答案，適用於各種文化、各個時空，每個家庭、每個人都可以採用。

耶穌。

如果你把焦點放在一個人、而非一套規則上，我想抉擇會容易得多。

2.規則的力量有限

規則只能告訴我們什麼能做、什麼不能做，並無法幫助我們完成這些事。此外，達不到要求令人沮喪、絕望，反而可能重挫我們的信心，讓我們更難遵守規則。

在聖經裡，「恩典」一詞其實具有雙重意義，它一方面指上主白白賜下的恩惠，另一方面也指上主在我們身上發揮力量，讓我們完成自己原本做不到的事。恩典是神所賜的力量，讓我們的生命變得不一樣。

3. 規則是外在的

規則是自己或別人設下的限制，目的常是防止我們做某些想做的事，或是促使我們做某些不想做的事。換句話說，外在規則常與人的內在渴望相斥。這不僅造成心理衝突，也讓服從規則愈加困難。

規則或許可以規範行為，卻無法安頓內心、調整態度。靈魂深處的矛盾與創傷可以毀滅一個人，但規則無法療傷，對創傷無能為力。

另一方面，恩典是內在的，可以轉化人心。如果說規則是迫使我們做有違意願的事，恩典則是從根本處改變我們的願望。恩典促成內在整合，讓人更容易做對的事。

你曾遇過「聖潔」到無法享受生命、也不准別人享受生命的人嗎？那根本不是「聖潔」，而是自以為是與律法主義。無論你談的是足球或樂透，這種人都能板起臉孔澆你一桶冷水，道貌岸然彷彿自己超凡入聖——其實這只是他們不懂得欣賞生命之美而已。

如果我們關注的是耶穌而不是行為規範，如果恩典讓我們打從心裡希望追求某種生活，而不是受外在規範不得不然，我們一定更能享受生命，別人也會更喜歡和我們相處。這種倡導聖潔的方式比疾言厲色教訓人好多了，不是嗎？

4.規則讓人只注意自己

規則的重心是自己，恩典的重心則是耶穌。要是我們想的、做的、關心的都是自己那份對錯清單，很容易變得自我中心、甚至孤芳自賞。但這份自滿不可能持久，因為我們遲早會發現人不可能始終完美，到那時，沮喪、失望將把我們推向另一個極端——自暴自棄。這可完全沒有任何好處。

恩典讓我們關注耶穌，使我們謙卑，也給予我們希望，讓我們相信生命終將漸入佳境。因為深知耶穌與我們同在，所以即使困阨加身，我們也不致絕望，反而有勇氣重起爐灶、再次嘗試。我們知道耶穌不會因我們失敗而發怒或失望，更深信他很高興我們願意付出努力，也隨時願意幫助我們學習與成長。

5.規則常以恐懼為基礎

大多數規則之所以能成功實施，是因為它有獎懲機制，讓人因為恐懼懲罰或恐懼得不到獎賞而選擇服從。這種機制在雇傭關係或師生關係中或許無妨，但對親子來說並不健康，而聖經也是以親子關係來比喻神人關係的。

恩典讓我們接近耶穌，自然而然地希望言行正直。人越是認識耶穌，便也越是希望像他。這是自然而毫不造作的過程，而且效果驚人。

6.規則著重負面面向

生活並不是咬牙苦撐地做好事。如果我們以為聖潔就是終生放棄一切樂趣，只有刻苦忍耐才不會下地獄，那大多數人應該遲早會宣告放棄，回頭找些「樂子」，並衷心期盼神在決定我們永恆命運時心情不錯，希望自己至少有百分之五十的機會不要墮入永死的田地。

恩典的重心是耶穌白白賜給我們的豐富生命，由於我得到的禮贈如此美好，我放棄的東西相較之下無足輕重。除非你親身經驗過神的美善，否則根本無法描繪祂的千萬分之一。但我敢說的是：神的美善與你想像中的對錯清單大不相同。

我小時候覺得速食店的漢堡好吃得不得了，主因可能是我爸媽只在孩子不在時煎牛排（沒錯，我是個沒見過世面的可憐蟲）。有一天我終於吃到真正的牛排，人生完全改變了——紅肉派對才是宴客王道啊！如有冒犯我很抱歉，但我想我不太可能變成素食者。

現在，如果要我在麥當勞漢堡肉和鬥牛士的牛排之間二擇一，我會毫不猶豫地選擇鬥牛士，而且不管問幾次答案都一樣。當我一口咬下鮮嫩肥美的三分熟牛肉時，可絲毫不會想念早就不吃的碎肉起司漢堡。

總之，你一旦經驗過神的美善，犯罪對你來說再也沒有吸引力了。

恩典是場混仗

進入下一個主題之前，我想先說一下：規則其實比恩典好理解多了。我們之所以執著於規則，之所以會舊的規則還沒做到、就急著訂立新的規則，原因也正在於此。

規則簡單明瞭，恩典則無從歸納、更無法釐清。用規則檢驗自己的作為、衡量自己是好是壞，並不是什麼難事。而且我能依樣畫葫蘆對你評頭論足，遠遠站著對你指指點點，我的生活與情緒不會受到影響，更不必勞神費力介入你的生活。

可是恩典不一樣。一旦涉及恩典，就代表我得甘冒大不諱與罪人同桌吃飯，打亂我的行程去幫助受傷的人。恩典沒有高高在上的奢侈與餘裕，更不可能埋首善功而卻忘了有血有肉的人。

如果你決定依恩典而非規則而活，你必定遭遇波折、混亂與意外。但你一旦擁抱了恩典，便再也不會放手。

如果你好奇，我說說也無妨：我沒帶孩子們去看藍色小精靈的電影。倒不是我怕他們被邪靈誘惑，看完電影後跑去虐待鄰居的寵物，而是因為有親戚說他孩子看了害怕。我想我大兒子應該不會被嚇到，但二兒子就很難說了。所以我沒帶他們去看，而是去看了另一部電影。

我不覺得這是什麼大事，所以我也不覺得有什麼好辯解的。也許他們以後會寫本書談談他們的老爸，碎念我當年多不講理，但我深信他們還是愛我，這一點才真正重要。

第
6
章

離開「資格園」

很多人一輩子活在我稱為「資格園」的世界裡。那是個有點類似迪士尼樂園的地方。迪士尼樂園的標語是「全世界最快樂的地方」，資格園的標語則是「你只能享用你所配得的」。這是你刷票入園時知道的第一件事，而園子裡到處都貼著這個標語，喇叭也整天播著這句話。

資格園其實很不怎樣，處處掉漆，摩天輪只有三公尺高，而且還常常卡住；碰碰車的防護不佳、力道過猛，坐完的人個個脖子扭傷；可愛動物區的情況也好不到哪去，綿羊瘦巴巴的，狗像得了狂犬病。在資格園裡，連爆米花都不好吃，口感像是放了一個禮拜，嘗起來還有股怪味。

很多人一直坐在資格園的哮喘小火車上，心裡嘀咕這地方為什麼不能改進一點呢？可是，唉，反正更好的東西我們也付不起。於是我們空虛地笑笑，像是彼此鼓勵似地稱讚幾句「這裡真是個好地方」。

但有些時候，我們不經意地透過欄杆瞥見隔壁的「恩典園」（不，不是貓王那座豪宅，他的那座叫「優雅園」）。恩典園的設備一流，裡頭的遊樂設施個個充滿創意，色彩鮮豔、閃亮如新。我們眼巴巴地望著那裡的人歡呼大笑，坐雲霄飛車坐得好不快樂。於是我們不禁在旋轉木馬上發想：他們究竟是做了什麼，為什麼進得了恩典園呢？

然後，我們的思緒開始飄走，想著：「那裡的門票應該是天價吧。像我這種普通的小老百姓才沒那個閒錢進去。」

沒想到恩典園裡正好有人朝這裡看，剛好和你四目相對。他跟你打招呼說：「嘿，老兄，你幹嘛不來恩典園呢？這裡超讚的！」

「哈哈，謝了，我進不去的，沒那個錢。我這種人不配，恩典與我無關。」

「咦？你不知道啊？恩典園是免費的啊！」

「免費？哈，少來了，天底下哪有這麼好的事。還是謝啦，老兄，我玩我有資格玩的就好。」

這個人看似謙卑，實則不然。這是假謙卑，是變裝成自謙的驕傲，而驕傲是恩典最大的敵人之一。

你以為迪士尼樂園很貴嗎？在資格園，他們什麼都跟你要錢，而且隨時都能變出新名目收費。可是恩典園完全免費，因為主人是耶穌，他說想進來的人都可以進來，完全免費。我們什麼代價都不用付。

一毛錢都不用付，也完全沒有資格要求，這就是恩典。

一切問題的答案

你有沒有搶著付別人的飯錢，而對方連忙婉拒的經驗呢？適度辭謝是正常反應，甚至是禮貌的表現，但是，如果你真心想請對方吃頓飯，可是對方堅決推辭，你大概會覺得有點沒面子，甚至有些難過。

有些人覺得接受神的恩典抹去罪過，是佔了神的便宜。因為他們深知自己是被恩典拯救的，所以每次又犯了罪，都覺得像是給耶穌再釘上一根釘子。要是他們再次犯錯必須請求寬恕，他們就覺得自己讓神失望，很對不起祂的慷慨。

我很尊敬這樣的真誠與情操，可是他們錯了。

對耶穌來說，恩典並不是免費的，他為了恩典付出一切。但正因如此，我們更應該白白地接受恩典。最對不起耶穌的事，莫過於拒絕這份珍貴的禮物，對他說：「神啊，謝謝祢的好意，我心領了。」耶穌為了拯救我們被毆打、凌虐、處死，所以請別告訴我你做幾件好事就能拯救自己。別以為自己有能力回報耶穌，這太輕視了他的犧牲。

領受、享用恩典並不是佔神便宜，絕非如此，因為這正是祂的心願。在神看來，耶穌死在十架已經解決了罪惡的問題，現在，我們大可重返神原本為我們創造的豐盛生命。

我發現，我越認識耶穌和他的良善，就越想照能讓他開心的方式生活。就是這麼簡單。我們有時把罪的力量想得太強，又把自己想得太弱，擔心稍微放鬆就會搞砸一切。但諷刺的是，這種偏執反而讓我們更加在意自己的罪，像是盯著甜甜圈看，以為這樣就能刺激自己減肥。

然後有人來告訴我們恩典的事。他們說無論如何神都愛我們，而且神不像我們那樣在意我們的罪，因為耶穌已經在十字架上解決罪惡問題了。然而我們心想：**我已經夠糟了。要是我再不謹言慎行，天知道我會變成什麼樣子？再不防範，我會越來越墮落**。於是我們死命追求聖潔與完美，彷彿能靠自己努力達到目標似的。

可是我們做不到。這就是重點所在，耶穌對群眾、門徒、罪人和法利賽人一再強調的也是如此。我們無法靠自己的表現成為義人，只能仰賴耶穌早已完成的事工。

我最近常常想起耶穌在十字架上的一句遺言。這句話永遠改變了人與神的關係，也徹底改變了我看待自己、認識上主以及回應罪惡的方式。

耶穌說：「成了。」

我越是思考這一小句話蘊含的力量，越是相信我們應該更信任神、更輕看罪。有些人覺得自己犯了滔天大罪，已罪無可逭，根本不相信耶穌仍愛他們。這是嚴重問題，甚至比罪惡本身還嚴重，因為罪惡其實不是什麼大問題。

我來解釋一下。這裡請放慢速度耐心讀，因為我要開始有條理了。不容易，對吧？有些左腦強大的理性讀者大概在想：「天啊！總算有奇蹟出現了！」這種事可不一定會再發生，所以請耐心閱讀。

「罪」是個大問題嗎？

答案取決於你怎麼看待罪。罪有三個重大部分：罪行（guilt）、力量（power）與後果（effect）。首先，當我犯罪或違法時，便產生了罪行，這時我「有罪」（guilty）。

舉例來說，要是我違規停車，我就犯了違法的**罪行**，也會受到懲罰。要是我違規停車的地方是我住的柯克蘭（Kirkland），我鐵定躲不過法律制裁，因為這裡的監視系統是CIA等級。如果美國政府當初用的是這套系統，大概好幾年前就逮到賓拉登了。話說回來，這套系統可絲毫不懂恩典，也許這本書出版之後我該送它一本。

罪的力量則屬於另一個層面，它指的是犯錯的內在驅力，通常被稱為「誘惑」（temptation）。這種內在力量驅使我們去做明知不對的事。以違規停車為例，罪的力量是我沒耐心找合法停車位又輕視權威。這些內在問題若不善加處理，有朝一日可能會讓我做出更惡劣的行為，例如在大賣場旁的防火巷違規停車。

最後，**罪的後果**是我犯錯造成的結果。再以違規停車為例，這樣做的後果可能是塞車，也可能是延誤消防車救火時間。只要犯罪就一定會產生後果，即使後果有時稍晚出現，但自己或他人遲早得承擔。有些罪惡造成的後果既深遠又駭人，例如被性侵的兒童、受家暴的妻子，或是強暴或謀殺案的受害人。

我們往往專注於收拾罪的殘局，試圖降低或消弭罪的後果，但我們很少關注罪的內在力量及其造成的恥辱。

神的確愛我們，但若祂完全忽視罪惡，便是不公不義。神完美無瑕，掩飾過錯可不是祂處理罪惡問題的作風。大多數人都希望神忽視自己的罪，但換個角度想想，你相信神會連希特勒和史達林的罪都不計較嗎？如果神忽視邪惡，那連祂自己也邪惡。就定義來說，至善的神必然也是公義的神。

那麼，解決之道何在？答案是耶穌。

順帶一提：如果你到現在還沒發現的話，那我告訴你，一切問題的答案都是耶穌。這一點教會長大的孩子很早就知道了。

主日學老師：「各位小朋友，我們今天要講的是愛。你們知道誰比爸爸媽媽更愛你們嗎？」

小朋友：「耶穌！」

老師：「答對了！那你們知不知道，誰因為愛你們而死呢？」

小朋友：「耶穌！」

老師：「又答對了！大家都好聰明喔！好，我來講個也很愛小孩的東西，看你們知不知道是什麼。它又黑又白，吃魚，活在南極……」

小朋友：（一片沉默）

最後，小明怯生生地舉起了手：「呃，我知道答案應該是耶穌，可是我覺得聽起來像企鵝……」

很好笑吧？好吧，至少我覺得很好笑。

反正我的重點是：耶穌是一切問題的答案，對於罪的問題尤其如此。

從某些層面來說，罪確實是大問題。但它現在不像以前那麼嚴重了，以後也不會變嚴重。我來解釋一下。

罪在幾個方面是大問題：首先，所有的罪不分大小都是反叛神；其次，我們時常不自覺地淪為罪的奴隸，受某種內在驅力控制，去做一些自己其實不想做的事；第三，罪導致了世上的苦難，只要舉目看看它所造成的傷害，沒有人會否認罪惡的嚴重性；最後，只要罪惡存在，死亡便不會消失。

然而，儘管罪惡囂張蠻橫，它的日子也不多了，邪惡正從世間敗退。耶穌的死解決了罪的力量及其罪行，而只要與他同在，我們便能更少犯罪，於是罪的後果也隨之減少。

在耶穌之前，人只能竭盡所能避免犯罪，並定期獻祭補贖罪行。他們宰殺羊、鳥或牛作為犧牲，象徵罪惡多深、罪行多重。

對我們現代人來說，這挺血腥的，但古代的人頂多只能如此。你也許感到不解：**殺掉一隻動物有什麼幫助呢？殺了動物還是無法彌補錯誤，不是嗎？**

一點也沒錯。

所以在那個時候，他們每年、每月、每週甚至每天都獻祭。但即使如此，他們還是沒辦法處理內在問題，還是無法改變人的犯罪天性。

獻祭的意義，是要不斷提醒人們罪惡必須解決，從終極上說，獻祭指向耶穌。

〈希伯來書〉第十章說：「祭司天天站著事奉上帝，多次獻上同樣的祭物；可是這些祭物永遠不能替人除罪。但是，基督獻上一次永遠有效的贖罪祭……他一次的犧牲，使那些聖化歸主的人永遠成為完全。」

耶穌是最終極的犧牲，他的死足以彌補古往今來的一切罪惡，取代了以往無效的動物犧牲。

那麼，罪還是個大問題嗎？考慮上述種種因素後，我真心覺得罪不再是大問題。這個問題已獲得解決，解決方案也早已實行。這個問題的答案就是耶穌，而耶穌的本質即是恩典。

只要耶穌就夠了

我們能否好好配合神對罪惡的處理，是另一個範疇的問題；罪的某些力量與效果，也要等耶穌再臨時才能根除。到了那時，他會一舉解決所有罪惡。重點是：有耶穌就夠了，面對罪惡，只要有耶穌便綽綽有餘。

耶穌為這多難的世界帶來希望，帶來了它最需要的恩典。聖經說：「罪越增多，上帝的恩典也更加豐富。」[1]耶穌不是來懲罰世人，相反地，他是來拯救世人。如果他相信人性、相信我們仍有希望，我們就也該相信。

耶穌解決罪惡的方式是他自己就死，這也是我們對世界的希望之所繫。我們不應該誤以為憑個人努力便能向善，也不該奢望教育、軍事或法律能推進世界和平。看看我們西雅圖，連遇上塞車都能惡言相向、甚至動粗了，期待透過努力或教育來達成世界大同，是不是太過天真了呢？教育等等當然有其效果，但它們絕非解決之道。

解決之道是耶穌。

我們必須了解，生命中還有很多比罪惡重要的事。罪惡的確對世人造成許多阻礙，從戰爭、飢荒到疾病，無一不是罪惡的後果。但反過來想想，如果我們不必再花心思處理罪惡，能挪出多少精力去做別的事呢？

這就是我寫這本書的重要目標。我想提出一個簡單的呼籲：請各位**回到單純的信仰，把焦點放在一個人身上就好**。耶穌是福音的本質與大成，也是基督宗教的核心。每個想獲得他的恩典的人，都能得到，沒有門檻、沒有限制，也沒有條件。

耶穌死在十字架上，給了我們一條通往神的道路。他解決了罪的問題，彌補了每一位選擇接受他的人的罪。

關於贖罪的教理（耶穌為我們的罪而死）、關於成義的意義（耶穌的死讓我們成為

1. 羅馬書5章20節。

義人），比我聰明的人已著書無數，我也讀了不少。但當我沉思神的恩典之深、對人的影響之鉅，我往往忘情地沉浸在祂的恩典之中。神不只是**願意**寬恕罪人，祂**熱切**地希望這麼做。即使我們與祂為敵，即使我們沒做任何值得祂愛的事，即使祂知道我們會犯罪——祂還是愛著我們。沒有任何事物能與恩典相比。

我無意冒充萬事通，假裝自己什麼神學問題都懂。老實說，世界上也沒有這種人。對於無垠無盡的愛，你該怎麼分類或量化呢？愛，絕非公式可解。

但我們能與耶穌相遇。他是恩典的化身，他在十字架上的死亡與三日後的復活，便是恩典的終極展演。

所以，我們該做的其實只是享受耶穌完成的事工，而非鎮日執著於自己的罪惡、失敗、軟弱與過錯，幻想能靠嚴守律法而走向聖潔。恩典就在耶穌的事工裡，我們往日的罪過要藉此赦免，今日的力量也要由此獲得。

正因為恩典如此單純，我們反而很難相信那是真的。但對我來說，我倒是深信，除非好到不像真的，否則就不是恩典了。

我也認為，信仰上的很多難題都因內疚與自責而起。太在意自己所作所為的結果，是讓自己的失敗顯得比耶穌還要真實。這種心態一點也不健康，不僅病態、陰沉，而且自私。

自責的確能激發向上之心，但往往只有五分鐘熱度，之後便開始反噬我們，努力與善意用盡之日，也就是我們再次犯罪之時。我們不做想做的事，或是去做不想做的事，於是我們自責更深，再次寄望罪惡感能刺激自己跳脫惡的漩渦，然後再次犯錯……如此一再惡性循環。

別想壞事，別想毒品，別想色情，別想……省省吧，這樣沒有用的。

這真的不是解決之道。沒錯，我們是該避免一直想罪惡。但努力不去想某件事，正是把它一直掛在心上的最好方式。

正因如此，你絕不會跟你家小鬼說：「不可以把媽咪的化妝品丟到馬桶裡喔！」要是你只跟他這樣講，他鐵定會站在廁所盯著馬桶瞧，心想把媽咪的睫毛膏倒進去多有趣啊！你該做的是蓋上馬桶蓋，關上門，然後重點來了——拿別的東西給他玩。幫他找點事做、給他點樂子，只要跟馬桶無關就好。

訣竅不是不想罪惡，而是多想耶穌、別想自己；關注神，而非關注自己。

你知道依賴律法會有什麼結果嗎？結果就是變得只在意自己，而一個人一旦只在意自己，就容易犯罪。要是心思意念的重心不在耶穌，而在自己的失敗、軟弱與缺陷，最後只會犯下更大的錯。為什麼呢？想想看，如果一個人滿腦子想的都是負面的東西，又怎麼會做正面的事呢？可是恩典不一樣，依賴恩典，我們的心思就在神身上；依賴恩典而活，我們就能持續沉浸在神的慈愛、良善與聖潔之中。時時刻刻以神為念，言行舉止便自然像祂。

你正與罪惡纏鬥嗎？相信我，你需要的不是更強的意志力，而是耶穌。我們生活的重心不是避免犯罪，而是愛耶穌。

紀念冊日

我是一九九七年從以薩夸中學（Issaquah High School）畢業的。它當時是華盛頓州最大的中學，總共兩千兩百名學生。我們的校旗是紫色加金色，那是最棒的顏色。

我中學時最喜歡的大日子之一是紀念冊日。我不知道別的中學做法如何，我們學校發畢業紀念冊之後，會特別空出半天讓我們到處寫感言。我愛紀念冊日——能大大方方請別人寫些自己的好話，會有比這更好的事嗎？

我人緣還算不錯，但偶爾還是有人不太想理我，有幾個籃球隊友也對我冷冷的。我不太曉得原因何在，也許他們覺得我怪怪的，也許因為他們覺得我長得帥，因此有些戒心。我希望是後者。

紀念冊日那天，我和幾十個人交換互簽，回家後整整花了兩個小時看他們寫了什麼。誰不好奇別人怎麼看自己呢？更何況還是中學生的年紀。

看了某些人寫的話，我真的十分驚訝。我還記得當時心想：「早知道他們這麼看得起我，我就多說點耶穌的愛了。」

我還留著畢業紀念冊，最近又拿出來看了一遍。該怎麼說呢？看看別人怎麼說自己還是挺有趣的。而且我不但記得這些人，也記得他們當初怎麼把我當個隱形人。直到今天我還是很驚訝，他們那時雖然對我冷淡，可是心裡居然是那樣想的。

有個人寫：「猶達，你真的是我見過最棒的年輕人。」

真的假的？高中生之間不會說這種話吧？

他還接著寫：「你對我和所有基督徒都是很好的啟發。我超級敬佩你。你對耶穌的虔敬與愛幫助了周遭每一個人。」

補充一下：這傢伙從不跟我講話。從來沒有。對他來說我這個人像空氣。他快畢業時才來團契服事耶穌。可是他居然一直在注意我，而且還「敬佩」我。早知道的話，我那時會更有安全感的。

另一個人寫：「猶達，你大概是我在這所學校最尊敬的人。」真希望你們也認識這個人。這實在太不可思議了。

他繼續寫：「你是個有信仰的人，而且非常堅定。太棒了！」棒？我有時在餐廳一個人孤伶伶地吃飯，那可一點也不棒。

「很高興與你共度美好時光。」

我努力地想我們什麼時候共度美好時光，可是怎麼想都想不起來。

「希望我們暑假能一起出去走走或打場高爾夫。如果打球四缺一，別忘了打個電話給我。你橄欖球也打得不錯，二年級時和你同隊很愉快。我從你身上學了很多，謝謝你為我做的一切。友誼長存。」

我記得那時坐在房裡看紀念冊，盯著他們的照片和名字，心想：「他們怎麼可能這樣看我呢？」早知道他們喜歡我，早知道他們覺得我人很好，我在學校裡一定更有自信、也會表現得更好。

如果神也在我們的紀念冊上留言，我很好奇祂會寫些什麼。我想，大多數人猜測神對自己的看法的時候，大概都像我當年一樣，以為同學們不會寫下什麼好話：「你還算可以啦」、「你這個怪胎」、「豬頭，閃邊去」、「像個人樣」等等。

我們的確能知道神怎麼看待人類——讀聖經就知道了。不過我們多半盯著罪惡的那些部分看，恩典的部分則快快翻過。

如果耶穌在你的紀念冊上留言，我想你看了會驚訝得目瞪口呆，你的人生應該也會大幅改變，因為你這才知道他多喜歡你、多注意你，多為你驕傲。

知道神對你的看法後，你的表現一定大不相同。如果你覺得天地萬物之主很討厭你，心理負擔一定不小，你的情緒很難不受影響。

「嗨，老哥，你怎麼啦？」

「唉，別提了。造物主氣我氣個半死，隨時會宰了我。」

嗯，換作是我，知道這種事也很難不鬱悶。

不過，與我們猜測的恰恰相反，神並不生我們的氣。我們或許可以傷害神、讓祂悲傷，可是祂對罪惡的憤怒已被耶穌的死平息。對那些因著信而接受耶穌的犧牲的人，祂不再看著他們的罪。當祂看我們時，祂看到的是祂的愛子。

耶穌受洗時，神從天上大聲說：「你是我親愛的兒子，我喜愛你。」2

2. 路加福音3章22節。

神有多喜愛祂的愛子，就有多喜歡我們。

這毫不誇張，也絕非僭越，而是真理。聖經上就是這樣說的，約翰（若望）寫道：「愛就藉我們完全實現了，使我們在審判的日子能夠坦然無懼；我們確能這樣，因為我們在這世上有跟基督一樣的生命。」[3]

換句話說，神看著我們時，看到的是耶穌。在神面前，我們的地位和耶穌一樣。當然，因為我們不是神，所以和基督還是有差別，可是就「義」的層面來說，我們就和耶穌一樣純潔。

對人來說，恩典這個概念確實不易了解，因為我們是不完美的受造物，隨時都能意識到自己的軟弱與缺陷，正因如此，我們往往對自己過於嚴苛。很多人可以接納別人，卻始終難以接納自己，這不是挺怪的嗎？

有時候，大腦是我們最大的敵人，因為恩典沒有邏輯，不像其他事物那樣依因果律而行。我們從小就在學習因果關係——有果必有因——蘋果落地是果，而牛頓爵士表示重力是因。

我有一天在教會講課，一不小心從講台上跌了下來。我老是喜歡站在講台邊緣，半個腳掌懸空，大家很愛拿這個開我玩笑。可是我講課十五年多了，從來也沒跌下來過。

那天我整個人往前傾，想看清楚螢幕上的一個句子，然後重力就自動接管了。不過我跌得還算不錯，唯一傷到的是我的面子，好在那天的錄影沒有上傳到 YouTube。沒辦法，誰叫我們的影片小組喜歡我呢？——當然，也可能是因為他們的薪水是我付的——你看，連這種小事都有因果關係。

但恩典只有果，至少對人來說是如此，恩典的因已經完備了，我們不需要、也無能參與，只要享受恩典的果就可以了。

然而，由於我們太習於因果關係式的思考，所以總是想以付出努力來換取恩典。有果無因的事物令人不知所措，因為我們從小就以因果律認識世界。

於是，我們談論恩典時很難摒除既有邏輯，但如此一來，我們反而更難了解恩典的偉大與重要性。我們想用短視、不完美的人類心智掌握恩典的奧秘，費盡心思想以邏輯、公式來解析超乎理性之事。

但恩典是超自然的，遠遠超越我們的推理、計算與分析。恩典的博大遠非人類的心智、理性所能掌握，神的思維行動更非人類所能測度。祂是神，而我們不是。

3. 約翰一書4章17節。

廣漠之地

還記得那個行淫時被法利賽人逮到、差點被處死的婦人嗎？她當時以為自己死定了、沒希望了，指控她的人將她緊緊抓住，連逃都逃不了。她被視為罪人，可能也會立刻付出代價。

但耶穌對那些人說：你們當中誰沒有犯過罪，誰就先拿石頭打她。結果，年紀最大的法利賽人最先意識到自己絕非完人，掉頭離去，接著年紀第二大的走了、第三大的也走了……最後，連最年輕的都走了。這些心高氣傲的人不得不承認自己也有缺陷，尷尬地一一離去。

耶穌回過頭來，看著那名婦人。

「他們都哪裏去了？沒有人留下來定妳的罪嗎？」

「先生，沒有。」她說。

「好，我也不定你的罪。去吧，別再犯罪！」

就這樣，這名婦人在必死之際重獲新生，完全自由。我相信她離去的時候，樣子一定和被押來時大不相同。她再度燃起希望，也有自信能活得更好。

〈羅馬書〉第五章說：

> 既然我們因信得以被稱為義人，就藉我們的主耶穌基督跟上帝有了和睦的關係。藉著信，基督使我們得以活在上帝的恩典裡。因此我們歡歡喜喜地盼望著分享上帝的榮耀！

《信息本聖經》（*The Message*）[4]對這一段最後一句的翻譯是：「我們發現自己到了一直盼望的地方——充滿神的恩典與榮耀的廣漠之地。」「廣漠之地」——恩典的意象多浩瀚啊！不再拘束於罪的隙縫，反而在廣漠之地自由奔跑。這段話表示，在神的眼裡，我們已被重塑為義人。祂將我們送到我們原本不配去的地方，一個自由而豐沛的國度。

我從小到大不知聽人談過多少次恩典，但直到最近幾年，我才慢慢體會恩典不可思議的意涵。我現在知道自己走在認識它的路上，而我不急著走到終點，雖然我的確熱

4. 編注：這是由尤金·畢德生（Eugene Peterson）牧師根據聖經原文（希伯來文與希臘文）歷經十年意譯而成的版本。

切、近乎飢渴地想知道恩典對我家庭、教會與城市的意義。

這些日子以來，每次我翻開聖經，都覺得見到了上主奧妙的恩典，即使讀的是我已倒背如流的經文也一樣。我每次祈禱，都忍不住想起神多麼美好、西雅圖又多需要認識祂的美好。每次我講道，不論講的是什麼主題，最後都歸結到神在耶穌裡賜下的恩典。

我的使命儼然是提醒我的教會：耶穌始終是答案所在。

恩典就是耶穌，而只要有耶穌，一切皆足。

PART.3

因為耶穌是重點

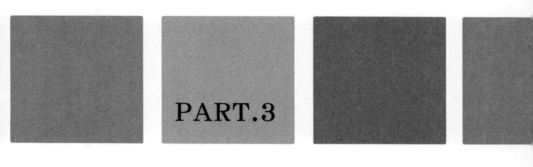

第7章

做好人、行善事就是義人？

我得坦承一件不太屬靈的事：我喜歡睡覺，非常、非常喜歡。休息和放鬆在我的優先順序表上排名很前面。

早上尤其如此。我知道有些牧師很鼓勵晨禱聚會，他們的「清晨」對我來說大概連聖靈（聖神）都還沒起床。他們起個大早、梳洗著裝、吃完早餐，六點準時到教堂，帶領會眾進行最甘美、最屬靈的祈禱。

至於清晨六點的我，不管對神或對人都沒什麼用處——對魔鬼還可能有點用，因為我在那討人厭的時刻表現得跟牠差不多。我覺得晨禱聚會的理想時間是十點，本人那時可清醒多了。神可以作證。

我去過的教堂比你吃過的麥當勞還多，常聽牧師說：「我今天早上五點半起床，專心祈禱、讀聖經，感覺實在太好了。」

我心想：五點半？我不如死死算了。要是哪個人有膽那麼早叫醒我，我鐵定咬他，說到做到。

要我來說，一天應該九點以後才開始。九點前該用來陪太太和小孩、吃早餐，與神和自己獨處。見人應該是十點以後的事，我那時聖潔多了，也會有個牧師樣子。

常有人問我：「猶達，你最喜歡聖經裡哪句話？」

每次被問到這個問題，我都會猶疑一會兒，心想問這個問題的人是不是有什麼企圖，畢竟我最喜歡的經文未必和你喜歡的一樣屬靈啊！我總在心裡吶喊：「我不知道！我該說什麼呢？不如你先說吧！」

倒是從來也沒有人問過我：「你最不喜歡的經文是哪句呢？」但我真的有認真想過。回答這種問題也許像是在走鋼索，畢竟那可是聖經耶！我們應該從頭到尾都喜歡，不是嗎？不過，我倒是能明確指出我最不喜歡的經文是哪一句：〈箴言〉二十章十三節：「貪睡的人窮困潦倒；辛勤工作的人衣食無憂。」

我最不喜歡的經文就是這句。如果你實在不以為然，我也只能說聲抱歉。我想大家都輕鬆點吧，別那麼正經八百的。如果你笑不出來，不如再讀一次前面談恩典那章？

我也不太喜歡講耶穌大清早起床祈禱的段落。他真的有必要這樣嗎？他是神耶！他就不能多睡一會兒，為我們這些凡夫俗子留些餘地嗎？

總之，我是個喜歡睡覺的人。我沒有貪睡，因為聖經說不可以。我只是喜歡睡覺而已，非常、非常喜歡。

話說回來，〈箴言〉裡還有另一句談到睡覺，這一句我喜歡多了。〈箴言〉三章廿四節說：「你會安然躺下，一覺睡到天亮，用不著害怕。」這句經文我一直忠實奉行。

制訂律法 vs. 破壞律法

睡覺當然是好事。我們有時太過屬靈，對生命過於緊繃，最需要的便是好好休息一番。我覺得，有些人如果能好好睡上八小時，我們應該可以變得更像耶穌。

也許你已經猜到了，我最喜歡的一段聖經經文與休息有關。不過它不只鼓勵休息，甚至重新界定了我們的生活方式。它要我們心靈安息，遠離操勞、焦慮與恐懼。對我來說，這些話徹底改變了我的思維模式。這段經文說：

> 來吧，所有勞苦、背負重擔的人都到我這裡來！我要使你們得安息。你們要負起我的軛，跟我學，因為我的心柔和謙卑。這樣，你們就可以得到安息。我的軛是容易負的；我的擔子是輕省的。[1]

當時聽耶穌說這番話的群眾，是一群自幼遵循猶太律法的人。這套律法系統界定了神與人的關係、人與人的關係。無論是做生意、持家或是日常生活，都要依照這套律法而行。

我們今天談到「法」，想到的是政府制訂的限制與規範；但對以色列人來說，「法」指的是摩西（梅瑟）律法，不只是「學校旁禁止賽駱駝」這一類的規定。

大約公元前一千五百年，神透過摩西向以色列人頒佈律法，規範他們的宗教、道德以及日常生活。這些律法是用來維持以色列人的道德標準，因為以色列的鄰國當時以活人獻祭、亂倫，甚至有廟妓，於是神立下律法，以幫助人民活得更好。

最有名的律法當屬十誡，但除此之外，還有許許多多的律法。摩西律法比十誡詳細得多，影響生活的各個層面，以色列人奉命遵守每一項細節，如果有疏漏，便是犯罪。問題是，沒人能夠隨時隨地謹記律法的大小細節，所以他們必須不斷為罪宰牲獻祭，就像我之前提過的那樣。

更糟的是，在耶穌之前的好幾百年裡，猶太人又在摩西律法外加上幾百條律法。這套律法體系基本上是傳統，原意是用來讓人切實奉行摩西律法，怎料它們讓生活更加拘束。這套律法龐雜得驚人，限制與規定多到讓人眼花繚亂，而法利賽人自認有詮釋之責，也相信自己有義務讓人人奉行不悖。

在前一章裡，我們已經對照過「以規則為本的生活」與「以恩典為本的生活」。以色

1. 馬太（瑪竇）福音11章28～30節。

列人就是在這裡出了差錯。神頒佈律法的目的並不是壓抑子民，是人類自己把處境變成如此。

我們都好累

我討厭人家跟我說：「猶達，你看起來有點累啊。」我覺得這是委婉地說我看起來糟透了。

真希望我能這樣回：「謝謝你喔，你看起來也挺慘的。」可是我是牧師，牧師可不能跟會眾說他們看起來很糟。

耶穌開始傳道時，人們神經緊繃、小心翼翼地想取悅神。他們忙著做好事、當好人，結果反而忽略了生命的美好。無論多麼努力，他們還是覺得自己差了一截，不夠格享受神的臨在。他們總覺得要更聖潔、做更多好事，神才願意接納他們。

他們把神當成立法者、法官、執法者，以為祂是宇宙級的警察，以糾正錯誤為樂。也因為如此，耶穌對罪的大而化之態度令他們大為吃驚。他說他是神，可是他從沒給人一巴掌，從不開紅單，也從不嚷嚷死刑。他單純地愛人，向人指明通往神的道路。

聽到耶穌說「我要使你們得安息」，大家眼睛一亮，喘了一大口氣。在嚴苛律法的氛圍中，這句話真如清涼微風。

「休息？真的假的？他真的是這個意思嗎？我還以為事奉神是個苦差事呢！」

耶穌保證他的擔子輕省、軛容易負。如果有人不曉得「軛」是什麼，我說明一下，那是農人架在牛身上的農具，用來犁地，在這裡同樣譬喻眾人的負擔。簡而言之，耶穌說他來的目的是讓大家過得更輕鬆。

這和當時人們的經驗可大大相反。對他們來說，律法的軛很重，根本擔都擔不起；「宗教」意味著努力再努力，孜孜不倦、精益求精；好人則是靠自己成功的，他們能吃苦、能奮鬥，堅忍不拔。

聽起來跟我們今天的文化也差不多，對吧？不論是不是基督徒，一般人都努力試著當個好人。我們狂掃勵志書籍和ＤＶＤ，去上課、去諮商、每到新年就立下新目標，我們拼命搜尋自己的弱點和壞習慣，然後想盡辦法改變它，以為只要自己夠努力，遲早能變得十全十美。

結果我們疲憊不堪、沮喪失落，亟需休息——不是肉體的休息，而是心靈的休息。我們需要神的平安，與自己和平共處。

山上咆哮

當耶穌說他是休息的終極之源時，我想在場的人心裡都鬆了一口氣。畢竟，這可不是他第一次跟大家講負擔和律法，而他上次談到這個話題時，說的內容並不怎麼令人欣慰。且讓我們回頭看看〈馬太福音〉第五章。

這章一開始就是耶穌最有名的講道——山上寶訓。之所以名稱如此，是因為耶穌走到山坡講道，好讓大家聽得更清楚。

不過我覺得，這一段要稱為「山上咆哮」其實也很合理。因為耶穌顯然為某些事不開心，他說：

> 不要以為我來的目的是要廢除摩西的法律和先知的教訓。我不是來廢除，而是來成全它們的真義。
>
> 我實在告訴你們，只要天地存在，法律的一點一畫都不能廢掉，直到萬事的終結。所以，那違犯誡命中最小的一條，並且教別人也這樣做的，在天國裏要成為最微小的。相反地，那遵守法律，並且教別人也同樣遵守的，在天國裏要成為最偉大的。我告訴你

們，你們一定要比經學教師和法利賽人更忠實地實行上帝的旨意，才能夠進天國。

大家目瞪口呆，有誰能比經學教師和法利賽人更虔誠呢？他們不就是虔誠的表率、完美的頂峰嘛？而且他們逢人就提，從不吝嗇多講一次。

平凡的小老百姓這下大搖其頭：「比法利賽人虔誠？哈哈，我該完蛋了。」

不過，這只是耶穌的暖身運動而已呢！這一章接下來的部分我先不引述，總而言之強硬得很——他推翻了對於「正直」與「完美」的一般認知。

他接下來的信息可以加個「但是我說」的副標。他開始談一連串問題，每一個都以「你們聽過……」開頭，接下來馬上話鋒一轉，來個「但是我說」。基本上他想表達的都是：雖然你們以前聽過的規矩很嚴，但它們其實還不夠嚴，神的要求還更高。

這可不是開玩笑的。耶穌不是個吹毛求疵的人，他那天也沒有特別不高興。他是在那個文化裡生長的，也清楚人們對神的誡命是什麼態度，他見多了找藉口開脫不義之舉的人，還有用淺薄、看似虔誠的論證合理化罪惡的人。

他現在就是在對他們喊話，從山上公開喊話。

他說：「你們聽過『不可殺人』……」

底下的人心想：「這個我有做到，我沒殺過人。也許是有想過殺人啦，可是沒真的去殺。這點我有做到，我沒殺過人。」

沒想到耶穌繼續說：「但是我告訴你們，向弟兄動怒的，也應受裁判；罵弟兄為『廢物』的，得上法庭；罵弟兄為『蠢東西』的，逃不了地獄的火刑。」

這下沒人交頭接耳了，一片死寂，靜到聽得見縫衣針落地──或者是魚骨頭落地，反正靜到聽得見縫衣服的東西落地。

「什麼？」他們心頭一驚，「我連對鄰居發脾氣都不行？耶穌沒搞錯吧？他顯然不認識我鄰居。」

耶穌又開口了：「你們聽過：『不可姦淫。』」

大家又鬆了一口氣。通姦可是大罪，更是醜聞，在場的人很確定自己沒犯。「我可沒跟哪個人妻搞七捻三，連制服妹餐廳都沒去過。」他們心想，回頭看看妻子，一臉得意地說：「放心吧，親愛的，我絕──不會欺騙妳。」

「但是我告訴你們，看見婦女而生邪念的，已在心裏姦污她了。」

後頭幾個邊聽邊吃餅的，差點沒一口噴出來，從他們包包裡露出來的，可不是新一期《男人幫》泳裝特輯嗎？他們面面相覷，心裡想的都是：「是怎樣？我是正常男性耶，這是男人都會做的事啊！他搞不搞得清楚狀況啊？很好，現在沒人清白了，大家都通姦。」

怎料耶穌還沒說完呢。他的話句句刺耳、字字嚴厲，而且一下子談了好幾個問題，談離婚、談報復、談如何面對敵人。他每次開口，都不留情面地指出自認正直的人是自欺欺人。

最後他說：「你們也聽過：『愛你的朋友，恨你的仇敵。』但是我告訴你們，要愛你們的仇敵，並且為迫害你們的人禱告。」

「等一下，我沒聽錯吧？」他們又看看彼此：「為迫害我的人祈禱？好啦，我祈禱他們都去死一死，這就是我的祈禱，可以了吧？他到底在講什麼啊？愛仇敵？這實在太誇張了。」

在場的人沒把耶穌轟下來，可是也沒人說「阿們」或鼓掌叫好。聽到這裡，他們已經發現這場「但是我說」佈道會有點難熬，不但不鼓舞人心，還讓人十分挫折。

好像還擔心有人自信心沒受打擊似地，耶穌最後又加了一句：「你們要完美，正像你們的天父是完美的。」

這下又是一片死寂，大家心想：以前要當個義人已經夠難了，法利賽人要我遵守的事我都遵守不了，可是照耶穌的標準，**我根本不可能做個義人**。

沒錯，正是如此。

這就是重點所在。

放鬆點！

耶穌想告訴他們的是：如果想完全依律法而活，就不能柿子挑軟的吃，不能為了自我感覺良好，只挑做得到的部分遵守。要守律法就每條都守，不然跟沒守一樣。

耶穌絕非存心刁難，只是想點出眾人的標準不一。他們太急著成為義人，結果為了「滿足」律法，反倒扭曲了神聖的意義。他們先射箭再畫靶，找出各種方式自我安慰，欺騙自己已是完人。

這種做法最大的問題並不是誇口聖潔卻持續犯罪——神對人們犯罪早已司空見慣了——**自以為義**才是它最嚴重的問題。人們以為靠自己努力便能取得天國的入場卷（至少那些「善人」是這樣想的，「罪人」則早已不抱希望，如第一章所述），殊不知自以為義最傷害與神的關係。

他們最根本的錯誤，其實是弄錯了律法的重點。他們以為重點是做好人、行善事，但並不是如此。

重點是耶穌。

人在內在深處，其實都明白自己不是義人，知道自己需要另一條出路，因為滿足律法根本不可能。耶穌希望他們別在自己身上白下功夫，所以尖銳地點出他們的問題核心，希望他們能注意到神透過耶穌白白賜下的恩典。

神知道以色列無法遵守全部律法，因此從一開始就制定了鉅細靡遺的獻祭規定。律法的作用不是讓人完美，而是引導他們走向神。

耶穌宣講山上寶訓時，大家剎時醒悟自己還不夠好、還不夠聖潔，離「義人」的目標還有很長一段距離。他們行善的努力處處是漏洞，也根本經不起檢視。既然如此，他們現在該怎麼辦呢？

還記得這只是〈馬太福音〉第五章嗎？如果你繼續往下讀到第十一章，一定能發現耶穌的重點在哪裡。在〈馬太福音〉十一章廿八節裡，耶穌講出了能讓他們自由的真理：「來吧，所有勞苦、背負重擔的人都到我這裡來！我要使你們得安息。我的軛是容易負的；我的擔子是輕省的。」

這些話有如天籟，在場的人聽了屏息不語。為了過聖潔的生活，他們已神經緊繃了很久很久，可是根本沒用。

你有沒有想過，為什麼有些基督徒那麼陰沉易怒呢？我覺得是因為他們太在意自己的罪（或別人的罪），到頭來完全無法享受人生。

別人問：「你怎麼啦？為什麼這樣緊張兮兮的？你的表情看起來很僵硬耶！」「我才沒緊張，你是哪隻眼睛看到我緊張的啊？」他們立刻回嘴：「我只是現在超想犯罪，可是又明明知道自己不該犯。我之所以會露出這種表情，都是因為我在用盡全力不犯罪！」

「呃，放鬆點吧，犯點小錯搞不好對你更好。」旁人摸摸鼻子離開，心想以後絕對不要變成基督徒。

如果你剛好是那個表情僵硬的人，請幫神一個忙：千萬不要到處宣揚你是基督徒。沒什麼東西比臭臉的基督徒更令人不自在了。

律法的重點從來不是律法本身，而是耶穌。律法的主題就是耶穌，在〈約翰福音〉（若望福音）五章卅九節中，耶穌對法利賽人說：「你們研究聖經，認為從裡面可以找到永恆的生命；其實聖經的話就是為我作見證的。」

耶穌是完滿的律法，所以他說自己是來完成律法的目的。以色列人每天讀誦的律法、預言與教導，全都指向耶穌。

神當然希望人們盡善盡美，可是祂也希望大家知道，他們最終還是需要一位救世主、彌賽亞（默西亞）。

這個原則到今天仍是真理。神不希望我們只是更努力、更刻苦、更忙碌，祂的確欣賞我們的付出，但我們要是把生命簡化為做好人、行善事，將聖潔本身視為最終目標，那我們就弄錯重點了。

偽君子之家

做基督徒的根本並不是行善，而是關係、恩典與耶穌。耶穌是生命的重心所在。真正的安息正在於此。只要我們還試著以善行取悅上主、還將行善的擔子擔在肩上，我們就不可能獲得真正的休息，而且不但不可能，也完全沒必要，因為只有耶穌做得到，而他已經全都做完了。我們需要做的只是在他的作品裡安息，如此而已。

我們剛剛談到的那句「要完美」經文，我也曾聽其他基督徒這樣詮釋：「看到了沒？

與耶穌同在的要求比律法還高。所以大家最好更努力、更聖潔，竭盡全力迎頭趕上。弟兄姊妹們，我們還有好長的一段路得走呢！」

我自己是覺得，要是一個人離開教會時比走進去時更在意自我表現，實在滑天下之大稽。福音的影響絕不該如此。聽完福音後，你心心念念的應該是耶穌，因為福音的中心就是耶穌。

也有不少人說：「我們不能變得跟經學教師或法利賽人一樣，我們一定要比他們更正直。」

我們怎麼會有這種想法呢？就別再欺騙自己了吧——我們已經是偽君子了，每個基督徒都是。我無意冒犯各位，但請仔細想想：只要言行不一就是偽善，而我們誰沒有偽善過呢？把教堂重新命名為「偽君子之家」一點也不過分。

要談「聖潔」，法利賽人可是箇中翹楚。他們把舊約頭五卷書背得滾瓜爛熟（那裡面可是有幾百條律法），成天思考如何滿足律法最細微的面向。他們就和現在的以色列人一樣，我們大多數人都沒辦法跟他們一樣聖潔，更別提要比他們更聖潔。我們當然可以憑著一股愚勇奮力追趕，彷彿這樣就能取悅上主，但失敗只是遲早的事而已。

我是天下第一偽君子。對傳道人來說，偽善算是職業風險，因為我們講得太多了。

我在教會裡大聲強調愛配偶多重要，呼籲會眾要有耐心、不可口不擇言——結果才出教會大門，我就開始對雀兒喜嚷嚷。

我無意為自己開脫，因為我的確做了錯事，我也很慚愧自己還是沒管好嘴巴。不過，我不會故作謙卑地說：「我不配當牧師，我從此封口不講道。」我本來就不配當牧師，但講道的重點並不在我，重點在神、在恩典、在幫助教會和這裡的人認識耶穌。

我也在此坦承另一件事吧：我幾年前看了色情影片，精確點說，看了日本色情動畫。我本來根本不知道有這種東西，畢竟有誰知道這種東西呢？

我還是要解釋一下：我不是故意去看的，至少一開始不是。我當時正飛越太平洋，坐在靠飛機後方的位子，突然發現我前面那個人正用隨身ＤＶＤ看動畫。我喜歡藝術，也聽過動畫，很好奇它跟卡通有什麼不一樣，於是我從座椅間的空隙望過去。剛開始沒什麼異狀，好像跟卡通也差不多——直到裡面的人開始寬衣解帶。

我心裡想：「呃，我不該看這個，這好像不太對勁。」可是我還是繼續看，好確定是不是真的不對勁。我看了十五秒才轉過頭去。

你也許會笑我：「才十五秒而已，有什麼大不了的？」

你也可能十分不滿：「這傢伙是牧師耶！居然看了十五秒才撇過頭？這本書我要拿

去退費！」

重點是我明知故犯，知道不該看卻還是看了，事後我感覺很糟。雀兒喜坐在另一排，飛機一降落我就去找她，跟她說了這件事。

「你看了多久啊？」她問。

「大概十五秒吧……」

一陣沉默，然後她說：「好吧，我原諒你。但你該慶幸你不是看二十秒，那樣我們的婚姻就告吹了。」我想她應該是開玩笑的。

那天是禮拜五，週末我有好幾場講道。我對自己犯下的罪十分懊惱，部分的我想痛打自己一頓，狠狠責罵、懲罰自己，好證明我對這件事有多慚愧。我連十五秒都控制不了，怎麼還好意思站上台講上帝和聖潔呢？也許我根本不是當牧師的料。

老實說，以宗教之名自我懲罰頗能給人病態的快感。你會覺得自己為罪付出了代價，於是連心理負擔都少了些，彷彿自己不必那麼依賴恩典。

可是，這種做法不但一點用也沒有，也根本毫無必要——耶穌已經買下的東西，你為什麼還要堅持付錢呢？

那個週末，我決定要在耶穌的恩典裡安歇，相信他的赦免。那不是「山寨版恩典」，我無意否認自己的罪，也不以恩典之名合理化犯下的罪。

這是真理，符合聖經、神學與教義的真理：我是義人，我也獲得了寬赦。我的教會和家人不需要我懲罰自己、拒絕為神所用，只因為我自認不配。他們需要的是我「藉著基督耶穌所賜的恩典剛強起來」[2]，就如保羅（保祿）告訴提摩太（弟茂德）的一樣。

我覺得那個週末的講道講得不錯。諷刺的是，我的講題正好是恩典。我把那十五秒的事告訴全體會眾，有人驚訝，有人臉紅，但大多數人樂見我坦誠相告。希望沒人一出教會就租色情動畫來看。

我不加油添醋，也不自我凌遲，只是誠實面對。我談到我們每一個人都經歷過自責。我無意假裝自己比別人更聖潔，只願在藉著信耶穌而白白得到的公義裡安歇。

請別誤會，我的意思並不是別太在意聖潔，而是我們應該更把耶穌放在心上。

耶穌為我們完滿了律法，我們信他，便能稱義。人無法靠努力變得完美，事實上也根本沒必要，因為耶穌都已經做好了。我可以說自己完滿了全部律法，也可以說自己滿足了律法的一切要求——我當然沒有，但**在耶穌裡**就有。我現在就是義人，以後也不會比現在更像義人。

2. 提摩太後書2章1節。

無限加無限倍

當神看著我說：「這個人是義人。」我就是義人，而且我改變不了這個身分。即使我週間都不祈禱，我仍是義人；即使我還在與罪惡搏鬥，我也是義人；即使我不覺得自己是義人，我還是義人。

我們有些人該去刻個「義人」的印章，每天早上蓋在自己額頭上——記得要反過來刻，這樣在鏡子裡看才是正的。

善行仍是善行，它們讓世界更好，神也會引以為傲，千萬別停下來不做。但別把它們當成義人的標準，這只會讓生活索然無味。

耶穌無限正直，我們也和他一樣正直。試著以善行讓自己更正直，就好像在無限之上再加「一」一樣。

記得小時候怎麼吵架的嗎？

也許你和哥哥在爭誰最聰明：「我比你聰明一千倍。」

「那我比你聰明一百萬倍。」

「我比你聰明無限倍！」

「真的喔？我比你聰明無限加一倍！」

「才怪！我比你聰明無限加一百萬倍！」

「我比你聰明無限加無限倍！哈！認輸吧！」

我們就別再玩這種遊戲了吧？如果我們相信耶穌還有他在十字架上的事工，我們現在就已是十足的義人，增不了一分，也減不了一毫。

我們已經夠資格進入天堂、走向神的寶座，請祂賜給我們需要的東西。這不是我空口說白話，而是聖經白紙黑字寫的：「我們應該大膽地來到上帝恩典的寶座前，好領受慈愛和恩典，作為我們及時的幫助。」[3]

〈箴言〉說義人也可能跌倒七次，但他都會重新站起。明白了嗎？義人也有失足的時候。他不是因為完美無瑕才成為義人。他摔了七次跤，他也是笨手笨腳的失敗者。

但神說他是義人，他就是義人。他之所以是義人，是因為他相信神讓他成為義人。而因為他知道自己是義人，所以他能大破大立、勇於任事，而且絕不放棄。我們之所以急著完美，是以為自己越快做好，神就越愛我們。可是祂現在已將我們捧在掌心，以後也不會比現在更愛我們、更接納我們。

3. 希伯來書4章16節。

神從不急著改變我們。祂最關心的不是我們的行為，而是**我們本身**。愛我們就是祂的第一要務。

對抗罪惡確實可貴而值得嘉許，但重點不該弄錯——對抗罪惡不是為了成為義人。我們已經是義人了，需要學習的，只是讓「外在的我」更接近「內在的我」而已。

第8章

倉鼠的人生意義

一個人只要稍微懂得內省，大概都曾思考過人生的意義。**我是誰？生命的目的何在？能讓我開心、滿足的事又是什麼？**

也許你在深夜裡輾轉難眠，思緒飄著飄著便纏上了這個大哉問；也許你剛剛經歷重大失落或挫折，不得不重新思考自己的人生態度；又或者你終於得到了長久企盼的成果，心裡卻覺得更加空虛。

世界各地的人都會思索人生的意義，但大家的回答不盡相同。人生的意義是愛？是好車？是孩子？是寵物？是朋友？是好好工作然後享受週末？是好好存退休金？還是度假？存款？貢獻社會？世界和平？

我們大半人生都在奮力追求目標，但好不容易達成之後，往往又像吃了垃圾食物一樣空虛。

追求幸福就像吃碗內看碗外，吃不到的似乎特別香。於是我們沉迷於立下新目標，忙著完成學位、找好工作、換新工作、增加臉書粉絲……總覺得下一個成就更甘美。

用美國著名的搞怪音樂人「怪人奧爾」揚科維奇（Weird Al Yankovic）的話來說：我們都像倉鼠一樣，成天在滾輪上跑個沒完，卻什麼地方都到不了。

人生如朝露

幾年前我剛接任主任牧師時，教會裡發生了好幾個令人震驚的悲劇。首先，教會裡備受愛戴的亞倫．哈斯金斯（Aaron Haskins）牧師在睡夢中過世，得年四十九歲。亞倫是我最喜歡的人之一，也是我家十五年的至交。他極具愛心、誠懇待人，對大家非常照顧，也是大力提倡跨種族團結的積極人士。這個突如其來的死訊讓大家極為震驚。

一年後，就如我在序言裡提過的，我父親也過世了。如果你曾經歷過喪親之痛，一定能了解我的傷有多重。溫德爾．史密斯是我的英雄、我的導師，也是我最好的朋友。他的人生壯美如畫，滿溢慈愛、信仰與慷慨。他的辭世對教會和我都是重大打擊，教會失去了一名無與倫比的牧者，而我，則失去了摯愛的父親。

沒過多久，被我們暱稱為「小亞倫」的哈斯金斯牧師之子，竟也在睡夢中心臟衰竭過世，年僅二十九歲。我們從小就玩在一起，情同兄弟，短短的一年半內，他母親茜莉竟連續經歷喪夫及喪子之痛。茜莉也是我的英雄，她在那段時間所流露的堅強與智慧，令我們肅然起敬。

接著，我們教會裡年輕貌美、聰慧體貼的音樂家卡莉自殺身亡。她是華盛頓大學的高材生，才華洋溢，愛神也愛人。我們一直以為她的生活光明燦爛，因此更想不通她為何輕生。

那段時期正值次級房貸危機和經濟衰退，除此之外，我們教會還遭遇了很多困難，我就不一一列舉了。總之，當時光是要維持教會運作，就得使盡渾身解數。

無論作為教友或個人，我們都不得不省思生命的短促。人生如朝露，稍縱即逝。人生中重要的是健康？還是家庭？我們為爸爸的痊癒努力祈禱了很久，但他還是過世了。宗教的核心是要求神滿足我們的心願嗎？或者我們該找出一種既可哀悼失落、又不粉碎信仰的方式？

想一想，你的人生意義是什麼呢？假設你獲得升遷、分得大筆紅利、如願與夢中情人為伴、也得到了長久祈求的孩子；或者，你搬進精華地段夢寐以求的豪宅，甚至還買了度假別墅……

然後呢？

這真的是你的人生意義所在嗎？

潑冷水之王

〈傳道書〉（訓道篇）或許是聖經裡最怪異的一卷書，更鐵定是讀來最令人灰心的一卷書。它的作者是以色列王所羅門（撒羅滿），有史以來最有智慧的人。神將人所渴望的一切全賜給了所羅門王——用之不盡的財富、無遠弗屆的名聲、國家最高權力、數百名妻子，以及駕馭這一切的智慧。幸好他有智慧，否則有這麼多岳母一定很快崩潰，但這是題外話了。

總之，所羅門王既有錢、名聲又好，而且與所有心儀的女子相伴。可是他偏偏寫了〈傳道書〉，一本讓人讀了不太舒服的書，洋洋灑灑點出生命中一切沒意義的事，你會越讀越覺得他寫的目的就是要潑你冷水。這傢伙的筆調簡直就像作家愛倫坡（Edgar Allan Poe），灰暗陰鬱得可以。

不過，這卷書還是被納為聖經正典，神認為它該是聖經的一部分。它道出了真理，所羅門王的智慧對我們有益。

所羅門王聰明過人，他只要四處望望，一眼就能看出人為了追求快樂可以多瘋狂。雖然他是幾千年前的人，但人類這些年來並沒有改變多少。我們的確發明了飛機和衛生紙，可是心理並沒有多少變化。

所羅門王算是自願當白老鼠，就人類的「快樂」做了個大實驗。他的目的正如卷首所言：以自己無窮無盡的資源，尋求周遭的人熱切渴求的「快樂」，例如權力、名聲、逸樂等等。他的結論是：**好的東西不必擁有太多**。有點錢、有些權力、偶爾享受肉體之歡是不錯，但貪得無厭會讓它反客為主，變成生命的黑洞。

總之，凡是人想要的，這位仁兄全都有了，而且他還能從相當高的層次看待事情。當你讀〈傳道書〉時，很難不想：「這位大哥，你是怎麼了？你這個天之驕子怎麼這麼陰沉呢？」他在書裡一一細數怎麼嘗試各種歡樂，卻又不斷感到空虛失望。他羅列各式各樣可能帶來快樂的事物，卻也發現時間、機運與死亡能摧毀一切。

〈傳道書〉頭兩句是這樣寫的：「這是在耶路撒冷作王、大衛的兒子、傳道者的語錄。傳道者說：空虛，空虛，人生空虛，一切都是空虛。」

整卷書的高峰就在這裡，接下來一路探底。

所羅門王的主要批判目標如下：

1. 知性：智慧越多，煩惱越深；學問越博，痛苦越大。[1]

2.逸樂：我要什麼，就有什麼；我盡情享受，不受拘束。我從自己的辛勞得到快樂；這就是我的酬報。可是，當我回顧自己的成就，思想所付出的辛勞，我領悟到一切都是空虛，都是捕風；太陽底下的一切都沒有益處。[2]

3.智慧：聰明人看得清楚前面的道路；愚笨人卻在黑暗中摸索。可是，我也知道，他們的命運終究都一樣。我心想：「愚蠢人的遭遇也是我的遭遇。我儘管聰明又有什麼益處呢？」我的答案是：「沒有，一切都是空虛！」聰明人和愚昧人一樣，都沒有人長久記念他們；因為在將來的日子，他們都被遺忘。無論是智是愚，都要死去。[3]

4.成就：人以他的智慧、知識、技能所得來的，都得留下，讓別人不勞而獲。這也是空虛，大不公平！人在太陽底下操心、辛苦、勞碌，究竟有什麼益處呢？活在世上一天，所作所為無非痛苦愁煩，夜夜不得安寧。這也是空虛。[4]

1. 傳道書1章18節。
2. 傳道書2章10節。
3. 傳道書2章14~16節。
4. 傳道書2章21~23節。

5. 權力：一個君王可能統治無數的人民；可是他死後，沒有人記念他的功績。這也是空虛，也是捕風。[5]

6. 正直：世上還有一件空虛的事：多少時候，義人遭受邪惡人應受的懲罰；邪惡人反而得到義人應得的報償。我說，這也是空虛。[6]

7. 才能：我又發現一件事：在這世上，善於賽跑的人不一定得獎；勇士不一定打勝仗；聰明人不一定有飯吃；機智的人不一定富有；能幹的人不一定居高位。時運左右一切。[7]

8. 教育：年輕人哪，還有一件事你應該留意。著作是沒有窮盡的；讀書過多會使你身體疲乏。[8]

倉鼠的告白

所羅門王——有史以來最有智慧的人——在篇末這樣總結他的實驗成果：「一切的話都說完了，總結一句：要敬畏上帝，謹守祂的命令，因為這是人人應盡的義務。」[9]

我想應該可以篤定地這麼說：說到要追求快樂，我們沒人擁有和所羅門王一樣多的財富與權力。

可是我們還是試個不停。

我們遲早需要跳出倉鼠的滾輪，誠實地看看自己的人生。要是我們現在的薪水、工作、婚姻無法讓我們快樂，我們也永遠無法快樂，因為這些東西並不能將不快樂的人改造成快樂的人。

這並不是說生活的歡愉無法帶來暫時的快樂，它們當然可以。錢能買到快樂，買新東西當然令人開心，但這種快樂並不能持久，所以我們一買再買。藥物和酒精也能讓人快樂——但只有短短幾小時而已，然後我們變得更為空虛。

諷刺的是，生命的意義其實並不在此生。所羅門王之所以說「要敬畏上帝，謹守祂的命令」，就是要點出生命與快樂無關，而是與神有關。專注於神，便能為我們的生命帶來意義。

5. 傳道書4章16節。
6. 傳道書8章14節。
7. 傳道書9章11節。
8. 傳道書12章12節。
9. 傳道書12章13節。

「敬畏」並不是懼怕，而是全然地嘆服。我們應該嘆服宇宙造物主的偉大、優美與莊嚴，在這嘆服中與祂同行，信任祂，並以愛回應祂。

有趣的是，所羅門王將「敬畏上帝」擺在「謹守祂的命令」之前。只是一味遵守律法的人並不是敬畏神，而是受縛於規定與責任，等到他們愛上神的莊嚴，見到祂的榮光與美善，律法將立刻變成次要的。

可是，神在哪裡？怎麼看見祂？又為什麼要敬畏祂？也許對很多人來說，神模糊不清、難以捉摸。

但事實上，神一點也不模糊。祂既不抽象、也不虛無縹緲，因為祂在耶穌身上揭示了自己。耶穌就是神的莊嚴、神的榮耀，以及神終極的顯現。耶穌是有血有肉的神。只要我們認出耶穌的莊嚴、敬畏他，便能發現生命的意義。

有些人自認是耶穌的追隨者，但我們都或多或少感到困惑不解，這都是因為我們沒見到生命的終極意義之源。

你若敬畏耶穌，一定會發現婚姻出乎意料地單純，為人處世竟如此容易。不將自己當成生命的中心，人生便能更有意義、也更上軌道。

我們容易為小事困擾或分心。但當局者迷，人在其中時只會覺得它們生死攸關，絕不是什麼「小事」。比方說，你和你那陰險狡詐、口蜜腹劍的上司處得不好，你的人生意義似乎成了鏟奸除惡、爬到你上司的頭上去，那間敞亮的辦公室應該是你的，而不是他的。在這段過程裡，你會激動憤慨、也會挫折沮喪，而不知不覺之間，你的生命重心已經轉移。你現在以為你的人生目的就是證明上司錯了，然後搶到那間敞亮的辦公室、讓薪水增加一倍。

最後，你真的證明上司錯了，他降職，你升遷，你得到了那間敞亮的辦公室，薪資也翻了一倍。可是你在那間敞亮的辦公室裡坐久了，遲早會注意到其他不順眼的事，你憎惡的人變成執行長，然後勇者屠龍記又重新上演。

如果真的想知道此生最重要的是什麼，就該從永恆的角度來看待問題。在永恆中重要的事，現在也必然重要，而薪水、人緣、名聲或享樂，顯然不會是永恆裡重要的事。這些事物都好，神創造了它們，也樂意用它們祝福你，可是它們無法帶到來生。

我愛我的妻子，我愛我的孩子，如果你不介意的話，我也想說我喜歡現在的房子。但我無法保證他們能永遠與我同在，畢竟人生短促、變化無常。時間、壽命和機運都可能打亂我原本的安排，所羅門王在〈傳道書〉裡寫得再清楚不過了。

你能沒收我的財產、撤換我的職位，甚至搶走我的家人，可是你無法從我這裡帶走耶穌，因為他在我心裡。他的莊嚴、高貴、富足，還有他對我的愛，都將永恆不滅。他是此生、來世的終極意義所在。

生命的焦點

我對室內設計很有興趣，但我的興趣不是DIY，不是敲敲打打做傢俱。我和工具有過協議：我不煩它們，它們也別來煩我。我有興趣的室內設計是BIY（Buy It Yourself，自己花錢買）。

室內設計常常提到「焦點」（focal point）的概念。每個房間都有焦點，屋裡的每件東西都指向它，焦點或許是一件物品，或許是一面牆，也可能是一個角落。當人走進房間的時候，一定會有意無意地受它吸引。

房間的焦點往往是電視，同樣常見的是藝術品、窗景，或是你好不容易獵到的鹿頭標本，雙角威風，栩栩如生——拜託！我沒有這東西好嗎？可是我住美國西北，鹿頭標本本來就不難見到。

那麼，人生的焦點又是什麼呢？是自己？是努力？還是善行？或者是耶穌？

如果耶穌是我們生命的焦點，我們就能不依照世間的所見、所聞、所感而活。我們不應該依附世人執著的情感與哲學，反而應該以天上的真理與原則，來安排、引導自己的生命。

我無意冒充行家，假裝自己很懂人類心理。遇上心理分析，我一定是坐在沙發裡傾吐的那個，而不是用心聆聽、忙著寫筆記的那位。但我的確情感豐富，當我情緒低落時，我一定能察覺——不幸的是，旁人也會發現。我有注意到，我情緒不穩的時候，往往是我忘了什麼更重要的事物的時候，例如找不到耶穌、讓生活中的壓力與挫折影響了自己的判斷。

我們有些人每個禮拜天唱聖詩，歌頌上主的偉大與慈愛，告訴祂我們將人生交託給祂。結果禮拜一一上班，就覺得一切非我不可，壓力因而排山倒海襲來，神經緊繃不能自已。這些時候的我們，其實就是將自己當成生命的焦點，以為重要的是取悅自己、完成目標或力挽狂瀾。從週日到週一，我們的心發生了細微而難以言說的變化，而後果十分顯著：煩惱、沮喪、恐懼、焦慮、傲慢、憤怒、急躁、嫉妒、痛苦、困惑與緊張。

我不知道你的想法如何，但我比較樂見休憩、安寧、澄澈、喜樂與目的，這是我由衷企求的恩賜。只要以耶穌為焦點，只要以他為人生與經驗的巔峰，一切都將具有意義。人生變得單純，價值觀回到正軌，而平安、喜樂與休憩都將回復。「來吧！來我這裡！」直到今天，耶穌仍在喚著我們。

「來吧，所有勞苦、背負重擔的人都到我這裡來！我要使你們得安息。」

耶穌是生命的重點。

PART.4

因為耶穌是＿喜樂＿

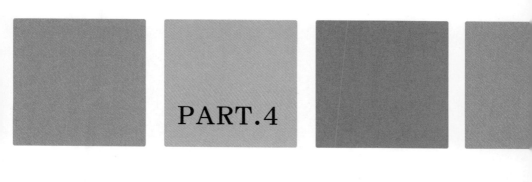

第9章

超級喜樂的好消息

家人最了不起的地方是：他們永遠都在。而弔詭的是，他們最糟糕的部分也是這點。聖誕節的腳步近了，代表家人的腳步也近了，就像連體嬰一樣，你是能溜走，但一定躲不掉。我無意不敬，但我想大家都懂。

為什麼家人能同時既可愛又可怕呢？他們怎麼會這麼支持你，卻又那麼……怪？

我當然不是在說我家，因為他們大多數人都會讀這本書。我談的其實是你家，我只是在試著體會你的痛苦。

家人很喧鬧，而且總是理所當然地侵入你的私人空間。家人會毫不客氣地說你胖了，然後大大方方吃掉你偷藏在冰箱裡的一塊派。當他們的孩子揮拳揍你兒子時，他們還覺得很可愛：「打流鼻血啦？真有你的！你看看，男生就是男生，哈哈！」

為了增加一點閱讀樂趣，我找了幾句關於家庭的話，都是我很喜歡的神學家說的。我是從網路找的，所以一定有道理，你知道，網路上說的都是真的（呃，不用我提醒這是反諷吧？）。

第一句，神學家喬治．伯恩斯（George Burns）說：「幸福，就是有個枝繁葉茂、關懷備至、關係緊密的家庭住在另一座城堡裡。」

第二句我最喜歡，出自神學家傑夫．福斯渥西（Jeff Foxworthy）：「如果你覺得你家是世上最蠢、最瘋、最古怪的家庭，快去農牧產品展銷會繞一圈。只要待個五分鐘，你就會覺得你家其實超正常，簡直是神仙家庭來的。」

最後一句出自傑瑞・賽恩菲德（Jerry Seinfeld）牧師：「最爆笑的事，莫過於全家聚在一起。」[1]

〈箴言〉裡一定有這句話，我敢賭。

在水裡堆沙堡

我不是故意找家庭的碴。家庭很好，家讓我們有歸屬感、認同感，也塑造我們的價值觀，家人無論如何都愛我們、鼓勵我們，也相信我們。我自己覺得，一個好家庭是世間最大的喜樂。但終極來看，家庭並非幸福之鑰。

有些人將人生圓滿與否歸諸家庭。要是不快樂，他們就怪罪家庭不美滿或無家無室，或是婚姻不幸福、孩子不聽話，以為只要父慈子孝、兄友弟恭、一家和樂，他們就能活得快樂。

1. 譯注：前引三人其實都是美國諧星。

事實上，我們也常將人生其他領域當作替罪羊：「如果有了那份工作，我一定會快樂」、「如果我能賺上那麼多錢，我一定會快樂」……等等。

每個人都想追求幸福與喜樂。無論信不信上帝或來生，沒有人不想過得幸福快樂。這是人類的終極目標之一，前美國總統湯瑪斯．傑佛遜（Thomas Jefferson）還說：「追求幸福是造物主賜給我們的『不可剝奪的權利』。」

企求幸福、平安與喜樂沒什麼不對，但我們追求的方法很重要。舉例來說，我的幸福權不應侵犯你的幸福權。或許你也聽過這句話：「揮拳的權利止於他人鼻尖。」

大多數人都有一定水準，不會將自己的快樂建立在別人的痛苦上。我們真正的問題是在錯誤的地方尋求滿足感，而當然，結果是竹籃打水一場空。於是我們開始像所羅門（撒羅滿）王在〈傳道書〉（訓道篇）裡寫的一樣，感到人生空虛、夢想幻滅。

可是，幸福其實並沒有那麼虛幻，只是我們得用正確的角度去看。我們必須了解耶穌才是生命的重點，就像前一章說的一樣。

這個真理能改變你的人生：**除非先在神那裡找到幸福，否則什麼地方都找不到真正的幸福**。

家庭無法為我們帶來幸福，門口的包裹無法送來幸福，名聲無法帶來幸福，簽下鉅額合約無法帶來幸福，新車、新電鑽、新咖啡機也無法帶來幸福，世間一切無分貴賤新舊，都不可能為我們帶來幸福——除非，我們先在神那裡獲得喜樂。

以追求生活逸樂來尋找靈魂幸福，就像在水裡堆沙堡，堆得越勤，塌得越快。

神希望我們幸福，但我們應該先在主裡找到喜樂，喜樂必須在耶穌基督的福音裡探尋。一旦你在他那裡得到了喜樂，萬事萬物都將讓你歡喜。

耶穌與喜樂

大家常在聖誕節讀〈路加福音〉第二章，因為這部分講的是耶穌誕生的故事。這些段落裡，有幾句話十分值得關注，因為它們道出了神與福音的本質。我將整則故事摘錄在這裡：

> 那時候，羅馬皇帝奧古斯都須佈命令，要羅馬帝國的人民都辦理戶口登記。這頭一次的戶口登記是在居里扭（季黎諾）任敘利亞總督的時候。大家都回本鄉去辦理登記。約瑟（若瑟）也從加利利（加里肋亞）的拿撒勒城（那匝肋）往猶太去，到了大衛（達味）

的城，叫伯利恆（白冷城）；因為約瑟屬於大衛的宗族，他要跟他訂了婚的馬利亞一起登記。馬利亞已經有了身孕。

當他們在伯利恆的時候，她的產期到了，生下頭胎兒子，用布包起來，放在馬槽裏，因為客棧裏沒有地方讓他們住。

在伯利恆郊外，有些牧羊人夜間露宿，輪流看守羊群。主的天使向他們顯現；主的榮光四面照射他們，他們就非常驚惶。可是天使對他們說：「不要害怕！我有好消息告訴你們；這消息要帶給萬民極大的喜樂。今天，在大衛的城裏，你們的拯救者——主基督已經誕生了！你們會看見一個嬰兒，用布包起來，躺在馬槽裏；那就是要給你們的記號。」

忽然，有一大隊天軍跟那天使一起出現，頌讚上帝說：

願榮耀歸於至高之處的上帝！

願和平歸給地上他所喜愛的人！

天使離開他們回天上去的時候，牧羊人彼此說：「我們進伯利恆城去，看主所告訴我們那已經發生了的事。」

於是他們急忙趕去，找到了馬利亞、約瑟，和躺在馬槽裏的嬰兒。牧羊人看見以後，把天使所說關於嬰兒的事告訴大家。聽見的人對牧羊人的話都很驚訝。馬利亞卻把這一切事牢記在心裏，反覆思想。牧羊人回去，為他們所聽見所看到的事讚美歌頌上帝，因為所發生的事跟天使所告訴他們的相符。2

有句話特別吸引我注意，天使向牧羊人宣告耶穌誕生時說：「我有好消息告訴你們；這消息要帶給萬民極大的喜樂。」

耶穌與喜樂總緊緊相連，而且這還不是普通的喜樂——是極大的喜樂。「好消息」譯自希臘文 euangelion（新約聖經的原文是希臘文），這個字也能譯成「福音」（gospel）或「宣講」（preach），它也是「福傳」（evangelism）一詞的字根。「福音」的原意就是「好消息」，它們是同義詞。「福音」絕不可能是壞消息，不會咄咄逼人，與硫磺烈火更沒關係。福音就是好消息，而且是大好消息、宇宙超級好消息。福音和喜樂是分不開的，喜樂就在福音的定義裡，它們的字義是相同的。

幸福問題的解答不是度假、不是聽笑話、不是睡上一覺，也不是看部喜劇片。**喜樂問題的解答是福音**。

2. 路加福音2章1~20節。

愛笑的耶穌

有人不懂神和歡樂怎麼能湊在一起，他們認為宗教和歡笑相互牴觸。對他們來說，神超級掃興、毫無幽默感、無敵煞風景，祂敵視派對、歡笑、找樂子。簡言之，神是歡樂的反義詞。

再沒有什麼比這更不符合事實了。歡樂是神發明的，幽默是祂本性的一部分，祂創造了我們找樂子的能力，不但設計了一個美麗的世界，也賜與我們五官來享受它。我們開心，祂也開心。請想想：如果我們喜愛歡樂，又是依祂的肖像而造的，祂會充溢著多豐沛的喜樂啊！

耶穌當然是個快樂的人。我不懂許多關於耶穌的繪畫或電影是怎麼回事，為什麼老愛把他描繪得像個死氣沉沉的殭屍？不但兩眼無神、一臉恍惚，還從來不笑，看起來像是壓力太大還是嗑了藥一樣。

耶穌才不是這樣。你知道我為什麼敢這樣講嗎？因為聖經說孩子們喜歡他。小孩子不會喜歡陰沉嚴肅的人，對吧？而想找耶穌的小孩卻多到門徒想趕人。

聖經這樣說：「你喜愛正義，憎恨不義；因此上帝——你的上帝選立了你；他賜給你的喜樂遠超過賜給你同伴的。」[3]耶穌是最快樂也最有趣的人。他是說笑話天才，會開別人玩笑，而且十分愛笑。

對某些人來說，「耶穌會笑」這個想法好像很不敬，似乎歡天喜地有損他的神聖。我聽人說過：「神更在意我們是否聖潔，而非快不快樂。」我的想法是：聖潔是開啟幸福的鑰匙，而幸福是聖潔最純淨的表達。聖潔和幸福是分不開的，我真心相信如此。

聖經裡到處都有「喜樂」、「歡慶」、「祝福」、「快樂」、「平安」這些詞。認識神、經驗祂的愛必然帶來喜樂。聖經裡提到神的忠實追隨者時，常常會以「蒙福的」（blessed）相稱，這個詞其實也就是「快樂」或「喜悅」的意思。真正的信仰一定會帶來歡喜、快樂、平安與祝福。

真正的「快樂腳」

〈以賽亞書〉（依撒意亞）五十七章七節的詩句說：「那爬山越嶺而來的使者，他的腳蹤多麼佳美！他奔跑來報好消息——是和平的好消息；是得勝的好消息。他對錫安說：

3. 希伯來書1章9節。

你的上帝掌權了！」將好消息傳給需要聽的人的使者，是多麼受歡迎啊！傳遞好消息的人腳蹤佳美——連他們的腳都讓人開心！

這本書大多數的讀者應該不是牧師，但既然我是，我就來談談牧師的毛病好了。幾年前我準備聖誕節講道時，重新讀了前面引述的〈路加福音〉第二章。讀著讀著，我突然醒悟：我身為牧師的主要任務，就是要傳布好消息！能給人帶來極大喜樂的好消息！

那是個重大轉折。我突然發現：雖然我從沒在講台上教訓過人（我是個溫和的人，謝謝！），但我以前一直不敢把福音說得太好。

為什麼呢？因為我們牧師有時會想：不能只報喜不報憂，好消息壞消息都該講。於是，我們一邊引述聖經裡很美好的段落，一邊又補充更可怕的經文。

我們會想：「嗯，我不能講得太好，不然大家會得寸進尺，不是誤解就是濫用。如果跟他們說神已經完成了工作，神已經救贖、接納了他們，神愛他們，神一點都不生他們的氣，而且會赦免他們過去、現在、未來的罪，他們大概會開始胡作非為……嗯……我還是好話壞話都說好了。」

於是我們洋洋灑灑寫好講道詞，登台佈道。我們滔滔不絕地說世人罪孽多重，魔鬼心機多深，結果不知不覺講太久，根本沒剩多少時間說到好消息。最後我們只好把好消息擠在散會祈禱裡——顯然是太遲了點。

講道像是警察扮黑臉和白臉，只不過牧師一人分飾兩角。於是對會眾來說，他們的牧師像是人格分裂，每次講道都不知道會出現哪一個。上個禮拜慈眉善目，侃侃而談愛與恩典；這個禮拜一臉嚴峻，出口盡是恐懼、墮落與硫磺烈火。會眾在底下免不了心想：「呵呵，看來今天有人吃錯藥了。」如果你上禮拜聽得滿心喜樂，這禮拜特地邀了朋友一起來，恐怕得一臉尷尬地說：「呃，他平常不是這樣……他平常比較風趣，也比較……比較高興。」最後散會，會眾們默默決定回去要為牧師好好祈禱，他顯然是壓力太大了。

明白「福音就是好消息」應該能讓我們更樂觀，也更好相處。簡單說來，講道和傳福音的目的也就是分享好消息。我們有些人很熱心介紹耶穌，卻總是把人嚇跑，因為我們不懂得笑。我們大惑不解，為什麼我講了這麼多地獄的事，人家還是不願接受福音呢？我想說的是：**要是你談的「福音」之中沒有極大的喜樂，你的「福音」一定有問題。**

我希望自己更關心一個人是否感覺被愛，而非他是否抽煙酗酒；我希望自己不會成為言行不一的牧師，口口聲聲談著愛與接納，卻對教堂外的小混混視而不見；我希望我的教會不會因為哪位女性穿得有點露，就給她差別待遇。事業線嚇不倒上帝，抽煙也熏不死宗教。誰知道呢？也許那位女性只有這麼一套「好」衣服，也許她認識的人都是這樣穿的，又或者她今天心情低落到極點，覺得這趟出門要是沒找到真愛，回去乾脆自我了斷算了。

我不是鼓勵會眾放縱言行或衣著暴露，而是希望教會能反映真實人生，能讓遇上現實問題的人願意來，並在這裡獲得希望與喜樂。我希望我的教會向每個人敞開大門，無論他們是同性戀、異性戀、窮人、富人、好人或壞人；我希望不同背景的人都願意來我的教會，不論他們有什麼困擾，也不論他們酗酒或嗑藥。在他們走進教堂坐下之前，我們不必急著將他們改頭換面。

這才是福音，這才是屬於每個人的好消息。福音並不專屬於規規矩矩、冷靜自制的好人，也屬於根本不知道規矩何在、不懂「自制」兩個字該怎麼寫的人。或許他們的生活一團混亂，但他們還是能來找耶穌，也能馬上獲得接納。事實上，早在他們願意相信、付出行動很久之前，教會便已為他們空出了位置。

「我說，這實在不是我該來的地方。」

「拜託！你隨時想來都能來好嗎？」

「你看看，這裡每個人都穿得人模人樣的。」

「他們習慣那樣穿啦！沒人會管你穿什麼的。」

「我想去抽根煙……」

「去啊，我幫你顧位子。」

「呃……我下次可以帶我家那口子來嗎？」

「歡迎歡迎！再來坐我旁邊吧！我們算朋友囉！」

看到這裡，可能已經有人心想：很好很好，可是你到底什麼時候才要帶他信耶穌呢？他需要拯救啊！

重點來了：**精通拯救的人是耶穌，不是我**。所以如果你不介意的話，這件事我就交給耶穌處理。我該做的就是讓我朋友覺得自在，覺得在這裡受到歡迎。

請別誤會，我的意思不是不要跟人談耶穌，相反地，我覺得如果親身經歷過神的良善、嘗過祂救贖的喜樂，我們不可能忍住不講。因為耶穌改變了我們的人生，所以我們非說不可；因為我們真心愛他們、同情他們，所以我們非說不可；因為我們知道若非耶穌，我們不會是現在的樣子，所以非說不可；因為我們希望他們能獲得我們已經嘗到的喜樂，所以非說不可。

比起窮擔心他們的永生，強灌硬塞救贖的事，這種方式可親得多。

我們一些傳教的方式，有時會讓我想起那部既深刻又搞笑的喜劇片「衰腳神父」（Nacho Libre）：

衰腳神父：「我有點擔心你的救贖啊！你怎麼到現在都還沒受洗呢？」

艾斯奎雷托（Esqueleto）：「因為我沒空！可以了嗎？我實在不懂，為什麼因為我只相信科學，就要成天被你唸個沒完。」

我們為了心安，甚至不惜偷偷跟在人家後面，拿碗水一頭倒下去。沒錯，我們是盡了宗教責任，可是他們根本沒變，沒有遇見耶穌，也沒有得到喜樂。

我們愛聽壞消息？

關注壞消息甚於好消息的人，可不只有牧師而已。打開電視看看，我們的社會裡充斥著壞消息。我們對人生的看法，就是不如意事十有八九。我們習慣聽到壞消息，甚至比較愛聽壞消息。我就碰過這樣的被虐待狂，壞消息對他們來說似乎更為順耳，一看到雲就等著暴風雨。如果你的喜樂程度不高，不妨問問自己比較愛聽哪種消息。

可是神不是這樣，祂愛散布好消息。天使向牧羊人報導的新聞，更是這個星球有史以來最大的好消息。牧羊人顯然明白這個消息有多好，所以才欣喜若狂趕去看耶穌。

對於好到不像真實的事，人似乎天生就不易相信。所以，現在請一鼓作氣，用力把這件事刻在心裡：耶穌好到不像真的，救贖好到不像真的，恩典好到不像真的，天堂也好到不像真的。

基督徒最大的問題之一不是犯罪或虛偽，而是缺乏喜樂。如果我們自認是基督徒，笑容卻老是硬擠出來的，一定有什麼地方出了問題。

有些人對自己很嚴格，對每件事也都很嚴格。他們仔細地梳理頭髮，一絲不苟地打亮皮鞋，什麼小錯都逃不過他們的法眼，當然他們的作業也永遠整整齊齊，從不遲交。

他們連講個笑話都很認真。你或許也聽過這種人講笑話吧？「嗯……糟糕……怎麼辦……我沒抓好笑點……完了，講這什麼爛笑話……我裝什麼幽默呢？唉，我到底是怎麼回事……我在幹什麼啊，好好的笑話講成這樣……對不起！」

大哥，你在講笑話耶！放輕鬆點好嗎？

也有人把過去看得太重，把現在看得太重，把未來看得太重。

對人生的態度過於嚴肅，是對福音認識不足，因為福音的定義就是好消息。神的福音沒有壞事或傷心事，就是好消息。

請想想看：如果我講道時一直談愛、談喜樂、談幸福，我的孩子卻總是垂頭喪氣、鬱鬱寡歡，大家遲早會覺得我一定有問題，因為孩子的態度反映了父母的管教方式。

有些人以為板著臉不斷訴說自己的痛苦就叫「屬靈」，我不能同意。我認為這只會讓人家覺得他們難相處，他們說再多關於神的事，別人也不想聽。

我宣講的是好消息，我不覺得這有什麼不妥。關於耶穌的好消息，能將喜樂帶進眾人的心，喜樂、信仰與希望將驅散憂鬱、愧疚與絕望。

「我有好消息告訴你們，這消息要帶給萬民極大的喜樂。」這就是福音，喜樂是它的核心，也是它的必要條件。

上主的喜樂

〈尼希米書〉（厄斯德拉下）八章十節說：「你們不要難過，因為上主賜給你們的快樂就是你們的力量。」請注意：聖經不說訓練、努力或中樂透能給人力量，甚至不說喜樂是人的力量，它說的是「上主所賜的快樂」是人的力量。

有些人總是感到疲憊不堪，以為是操勞過度或睡眠不足，於是吃安眠藥、買記憶床墊，希望能好好休息、養足活力。可是一夜好眠之後，我們還是覺得欲振乏力，精力像是被抽乾了一樣。

為什麼呢？因為問題其實不是缺乏睡眠，而是缺乏喜樂。人的力量與喜樂有關，而喜樂與我們相信的福音有關。

我說的不是山寨版快樂，不是在鏡頭前裝出笑容，不是整型整出一副笑臉，也不是擠出招牌微笑，句句「喜樂」假裝你很屬靈。

「有本書說人應該喜樂，因為喜樂是福音的一部分，還挺有道理的。所以我得看起來更有相信福音的樣子，人不多笑笑會顯得上帝很失敗。」於是乎我們笑了又笑，跟每個人擊掌比讚，關起門來卻一臉苦相，跟得了痔瘡似的。

上主的喜樂是真實的，它能滲入我們的靈魂，將我們提升到平安與幸福的永恆境界。上主的喜樂不但賜給我們力量，還安慰我們、支持我們。

真實的幸福是一種生命狀態，不只是一時情緒而已。即使外在環境暫時影響我們的心情，我們也能藉著信靠上主得到力量，堅強起來。

大衛（達味）在〈詩篇〉（聖詠）五十一篇的祈禱是這樣寫的：「讓我重新體會祢救恩的喜樂。」這一句常被講錯，說成「讓我重新體會我救恩的喜樂」。請注意：是「神」的救恩，不是「我」的救恩。我不是造物主或萬有之源，上帝才是。拯救是祂所賜下的恩典。

得自福音的喜樂是永恆的。無論外在環境怎麼變，無論我們遭遇什麼困難，只要能認識福音，它就能讓我們長保喜樂。

福音與喜樂一體成型，是靈性版的快樂套餐，包裝上清楚印著：「內含免費喜樂，無需組裝。」

它是神的恩典、神的喜樂、神的力量，人人都能免費領取，完整收藏。沒有什麼比它更好了。

第10章

與你同在，為你而來

巴巴・沃森（Bubba Watson）是我好朋友，我們認識好幾年了。我喜歡打高爾夫，而巴巴是天才高爾夫選手，我們一起打過好幾次球。

提醒你一下：巴巴是二〇一二年高爾夫名人賽（Masters Golf Tournament）冠軍。我剛剛上網查，他在全球高爾夫選手中排名第四。這代表什麼意思呢？代表全世界六十億人裡，巴巴是第四名；而在美國，他排名第一。

我們相約打球時，巴巴或我常邀其他朋友一起參加。你可以想見，他們很多人緊張得要死。我實在超不喜歡那種場面，每次都覺得很吐血。

他們為什麼那麼緊張呢？因為他們想打場好球，讓巴巴印象深刻——有夠好笑：你打得再好，好得過巴巴嗎？就算你打出這輩子最直、最遠的好球，等到巴巴揮桿，它也只能躺在球道中間看著巴巴的球飛過，直沖一百五十碼外。

我總是叫朋友放輕鬆：不管你高爾夫球球技多好，都嚇不倒巴巴的，這種事絕不可能出現。而且巴巴絕不會批評你的高爾夫球技術，他見多識廣，才不會這麼小心眼。所以放輕鬆打吧！好好享受打球的樂趣，開開心心玩一次，打得爛就打得爛吧，哈哈一笑就是了，根本沒什麼大不了的。

說是這樣說，其實我也沒好到哪裡去，我常想讓上帝大吃一驚。這種想法搞笑得可以，因為我行善的能力比高爾夫球技術更差。

我們真的以為自己的善行、正直、犧牲能讓神驚豔嗎？神難道會在天上跳起來說：「看啊！天使，你有看到嗎？剛剛有沒有照相？連我兒子都沒這麼厲害啊！」你覺得有可能嗎？

我們老是想回敬上帝一筆、讓祂另眼看待：「哈囉！上帝！祢剛剛看到了嗎？做得還不錯吧？祢更愛我了吧？現在祢會更願意回應我的禱告了吧？」

貼心小叮嚀：無論你做什麼，耶穌都能做得更好。

只有一個人曾讓神驚艷，那就是耶穌。如果你想讓神另眼相待，信耶穌就對了。你相信耶穌，你的生命就藏在基督裡、緊緊纏繞著耶穌。於是當神望向你的時候，祂就看到了祂的愛子，這時祂才會忍不住驚嘆：「哇！」

神無意批判我們的表現、責備我們的行為，也不打算把我們犯的罪一一列表造冊，以備未來考核。我們相信耶穌，這些事情都免了。這當然是好消息，因為如此一來，我們就能好好享受人生了。

耶穌就是個熱愛生命的人，他活得很快樂。沒錯，他的確也有傷心的時候，但即使在那些時刻，他還是深信天父的愛，堅信不疑。

獲得接納↓接受信仰↓付出行動

福音超讚的原因之一，是它的重心是神而不是我們。這是好消息，因為神比我們可靠多了。

我們的部分問題是太在意自己，而越是在意自己的問題、弱點或缺陷，便越是容易耽溺其中，難以自拔。這很弔詭，卻是事實。

福音可不是什麼「通往上帝的十七撇步」，要是真是如此，那才是壞消息，因為我們一定有辦法搞砸它。相反地，福音之所以是好消息，正是因為它宣告「神走向我們」。如果我們把焦點放在神的良善、權柄與恩典，「十七撇步」自然會在生命裡浮現，而且出現得不著痕跡。可是成果是明顯的——我們會開始改變，開始變得更像耶穌。

從一般人對「宗教」的認知來看，福音可說是宗教的對反：宗教先要求順服才願意接納，福音則相信先接納自然順服。

宗教的順序是「付出行動↓接受信仰↓獲得接納」，很多人的人生觀也是如此：「我得做得好、想得對、說話得體，然後才能被接納。」

可是福音的順序恰恰相反，是「先獲得接納↓然後就能接受信仰↓付出行動」。〈以弗所書〉（厄弗所書）有一段經文說：「你們是靠上帝的恩典、憑信心而得救的；這不是出於你們自己的行為，而是上帝的恩賜。既然不是靠行為，你們就沒有甚麼好誇口的。上帝是我們的創造者；祂藉著基督耶穌改造了我們，要我們行善；這是祂早已計劃要我們去做的。」[1]

請注意聖經講的順序：先是恩典，再來是信心，然後才是善行。我們很多人弄錯了順序，以為善行排在最前面，以為要先給神好印象，祂才願意接納我們，以為我們得讓自己夠資格領受神的愛。結果就是，我們煞有其事地計算自己的「屬靈指數」，試著在發明量子力學的上帝面前賣弄聰明。

我們很多人以為這是「福音」，但事實上，這跟一般人心中的「宗教」沒什麼兩樣，只是虛擲光陰，徒勞無益。可是搞不清楚狀況的我們還邊喘氣邊埋怨：**極大的喜樂？哪來的喜樂啊？福音不就是一直拼、一直拼、一直拼嗎？**

我們的腦袋轉不過來，還停在「先順服後接納」的邏輯裡，但這毫無喜樂可言，更談不上驚喜——表現得好才被接納，有什麼好驚喜的呢？人不是本來就這樣想嗎？一般社會或文化不都是這樣運作嗎？要是「福音」不過如此，無怪乎那麼多人相信「福音」，

1. 以弗所書2章8～10節。

卻從未感受到極大的喜樂。

有人把人生當成天堂盃職業高爾夫球錦標賽，以為只要好好表現、盡力發揮技巧、贏過其他大多數基督徒、獲得評審青睞，就能順利進入天堂——怎奈第一洞就多於標準桿三桿，接下來十七洞方寸大亂，打得一場糊塗。

神希望我們好好享受人生，而不是使盡三腳貓功夫幻想自己可以超凡入聖，畢竟人生只有一次。雖然魔鬼虎視眈眈、罪惡伺機破壞，但神為了愛、為了公義，主動來到世間拯救了我們。這當然是大好消息！如果你聽了無動於衷，絲毫不感興奮，我建議最好選選棺材，因為你大概掛了。

既快樂又聖潔

這並不代表我們應該繼續犯罪。話說回來，我們為什麼還想犯罪呢？為什麼還想故意讓最愛我們的神失望？既然明知罪惡讓耶穌付出生命，而且帶來痛苦、死亡，更傷害神為我們創造的快樂、幸福的生命，為什麼還故意犯罪呢？這豈不荒謬至極嗎？

神頒布誡命的目的，是為了保護我們、祝福我們，維護我們的幸福。祂的教化與責備也都是祂愛的證明。

如果我們真心跟隨真正的福音，即使是神的誡命與限制都能讓心歡喜。因為它們指出生命的道路，警示路上的陷阱，帶給我們智慧。

如果我們不對自己的表現患得患失，全心相信耶穌已成就了一切，我們便能不畫地自限，自由活出嶄新的聖潔人生。這樣的聖潔發乎內在，出於愛，而非出於罪惡感。正如使徒約翰（若望）所說：「遵守上帝的命令就是愛上帝；他的命令並不難於遵守，因為上帝的每一個兒女都能夠勝過世界。使我們勝過世界的，是我們的信心。」[2]

真的，很不可思議——我們一旦讓耶穌愛我們，也學著以愛相報，聖潔便會自然浮現；但要是我們成天只盯著自己的罪惡……跑出來的就是另一種東西。你知道我的意思，我看你貼在筆電上了。

我覺得「憂苦的基督徒」自我矛盾，因為我相信聖潔會帶來喜樂，而喜樂便是聖潔的表現，兩者彼此相連。我聖潔所以我快樂，而因為我快樂，我更容易聖潔。有了福音和耶穌，我既聖潔又快樂——還有比這更好的事嗎？

2. 約翰一書5章3～4節。

你確定沒找錯人嗎？

福音是好消息，因為它能總結成一句話：「神與我們同在。」〈馬太福音〉（瑪竇福音）一章廿三節從舊約引了一句先知預言，說：「有童女將懷孕生子，他的名字要叫以馬內利（厄瑪奴耳），意思就是『上帝與我們同在』。」

這就是福音——神與我們同在。耶穌就是化為血肉之軀的神，在世上與罪人同在。

令人咋舌的是，第一批聽到耶穌降生的消息的人，竟然是牧羊人。牧羊人有什麼不好呢？在那個時代，牧羊人因為工作性質的關係，不能遵守部分的宗教律法（例如嚴格的洗手規定），所以當時的宗教人士不太看得起他們。

也就是說，天使跑去跟一群沒辦法完成律法的人說：「有人來幫你們完成律法了。」「我們？你確定沒找錯人嗎？」那群牧羊人一定這樣問過天使，一臉茫然。

「對，沒錯，就是你們，就是你們這些遵守不了律法的人。你看過天使跑錯地方傳錯話嗎？那孩子出生了，他是送給你們的禮物，也會跟你們在一起。」

也難怪那群牧羊人反應不過來。他們一定心想：「沒搞錯吧？他們應該是要找哪位拉比才對吧？他們是導航系統壞了還是怎樣？咱們守不了律法耶，怎麼不找別人而要找我們呢？」

如果你不太懂「神與我們同在」這句話多驚人，容我解釋一下：在當時，神是遠在天邊找不著的。可是就這麼一下子——神與人同在了！至聖、至公、完美的上主突然到了人間，與罪人一同生活，與一群遵守不了律法的人同在。神就在他們身邊，看得到、聽得見，也摸得著。

雖然耶穌如今已身在天堂，但他藉著死而復活，為我們與神訂立了新的約定。我們不再奉行神人兩隔的律法，因為耶穌所立的新約說：神將永遠與我們同在。這是祂對人類的應許：**祂會永遠陪在我們身邊。**

這就是福音的大好消息。

PART.5

因為耶穌 就在這裡

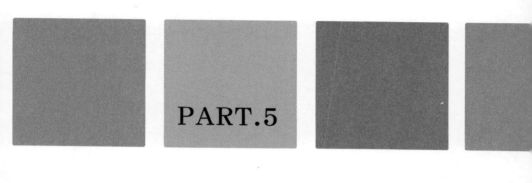

第11章

愛你到永遠

你有沒有情緒失控、口不擇言的時候呢？而且話一出口就馬上後悔了？

我和雀兒喜結婚十二年了。婚禮前幾個月，我們一起去參加婚前諮詢。婚前諮詢的目的據說是幫你做好結婚準備，但結婚最好是可以事先準備。

順便聊一句，我最喜歡問準新人的問題是：「你們準備好要結婚了嗎？」準新郎總是忙不迭地開口說「是」，然後你就知道他的確沒準備好。

總之，我和雀兒喜為了做好結婚準備，讀了蓋瑞．查普曼（Gary Chapman）博士的《五種愛的語言》（*Five Love Languages*），那本書對我們幫助不小。

查普曼博士提到，每個人都有一種以上的「愛的語言」，我們用這些語言向別人表達愛，在別人使用我們偏好的愛的語言來傳達愛時，我們也會感到被愛。這五種愛的語言分別是：照料（acts of service）、肯定的話（words of affirmation）、禮物（gifts）、身體接觸（physical touch），以及質感時光（quality time）。

書上說每個人都有最重視的愛的語言，主要大約三種。我最主要的愛的語言是：肯定的話、身體接觸，然後再來一次身體接觸。有些男人一定懂。

在成長過程中，我受媽媽和姊姊的影響很深。我媽最主要的三種愛的語言是照料、照料，以及照料，很好記；我姊的三種愛的語言則是禮物、禮物，以及禮物，也很單純。我在她們的陪伴下長大，於是以為全天下女性的愛的語言都是照料和禮物。

《五種愛的語言》也提到，我們會傾向給別人自己偏好的愛。沒錯，我深有同感。我和雀兒喜結婚頭兩年，我一直講肯定的話，而且時不時就碰碰我太太，兩個人你摸摸我、我牽牽你。我常送她禮物，常買東西送她，不過，她的反應似乎沒有我預期中熱烈。

一天下午，該發生的事終於發生了。

我那天好像是去打高爾夫之類的，打得不錯。我回到家時心想：「今晚會是個很棒的夜晚。我們一起弄弄晚餐、做做別的，一定很棒。」

我開開心心進了家門，但馬上發現氣氛不對。雀兒喜似乎有點冷淡，有點不太想理我。最後我決定開口問：「親愛的，妳怎麼了？有什麼不對勁嗎？」

「沒事，沒怎麼樣。沒事。」

各位，這裡請注意了：當女人說她「沒事」時，就代表她非常有事，只是不知道從何說起而已。這是我多年來的血淚結論，切記切記。

「沒事。」

沒錯，的確有事。

於是我繼續問：「親愛的，別悶著嘛。到底怎麼了？跟我說好不好？」

氣氛越問越糟。她是個很情緒化的人，而我呢，大家都知道，我很穩重。我很理性地問問題，但她情緒越來越不穩定——好吧，我承認，情況也許是反過來的。

我問著問著，聲音越來越大：「妳到底怎麼了？我哪裡做錯了嗎？我到底什麼地方做錯了？」

「你沒做錯什麼。」

「喔，好，『沒做錯什麼』，那是說我們其實不配嗎？」我心想，心裡又急又氣又困惑，她好像給了暗號，可是我想不出來是什麼意思。我就是搞不懂出了什麼問題，陷在謎團裡也讓我越來越喪氣。最後，還是她主動為我解惑，因為我是個臭男人，臭男人就是要用敲的才會懂。

「我只是……我只是覺得我們相處的時間太少了。」

「什麼意思？我們現在不就在一起嗎？我們一起吃、一起睡、一起住，相處時間還不夠多嗎？」

「我的意思是，我們在一起的時候並沒有好好相處。」

我就是這時情緒失控，說了那句很不該說的話。我不曉得自己是不是故意的，但那句話就這樣脫口而出。

先快轉一下。我最近在準備一篇講道，問雀兒喜說：「嘿，妳記不記得我哪次情緒失控，講了讓自己很後悔的話？我這裡要舉個例子。」

老婆大人想都不想就說：「有啊，你就講十二年前那次嘛！我們在客廳吵架你記不記得？你跟我說：『除了質感時光，妳就沒別的愛的語言了嗎？』就講那個！」

「天哪！妳這女人，去看看醫生好不好？找個心理醫生談一下。都十二年前的事了耶！我現在已經不再那樣了。」

我的意思是：「我現在絕不會講那種話了——只會想而已。」

開玩笑的啦。

呃，也不完全是開玩笑的。

好，現在再倒帶回十二年前，那時我的新婚妻子說：「我們在一起的時候並沒有好好相處。」

「是嗎？」當時的我爆炸了。我是說，我情緒失控了：「除了質感時光，妳就沒別的愛的語言了嗎？學學我姊好不好！給她件禮物就高興得要命，三個月不理她都沒關係。這樣不是很好嗎？」

這的確不是句聰明的話，我到現在都還在為此付出代價。

也許你也有過這種經驗。你明明無意出口傷人，可是突然被情緒淹沒，心裡的一個念頭就這樣脫口而出。聖經說：「心裏充滿著什麼，嘴就說什麼。」[1] 佛洛伊德也說過類似的話，不過他的講法艱深得多，所以我們現在說這種情況是「佛洛伊德式漏嘴」（Freudian slip）。

一個人情緒失控時，說出來的是最真實的想法。你真正想說的脫口而出，想收也收不回來。這些話可能很傷人、讓你自責很久，但也可能透露出十分重要的訊息。

你所愛的人

〈約翰福音〉（若望福音）第十一章有個三姊弟的感人故事，他們叫馬大（瑪爾大）、馬利亞和拉撒路（拉匝祿）。大多數學者認為馬大是長姐，馬利亞排行第二，拉撒路是小弟。有趣的是，聖經裡完全沒提拉撒路說過什麼話，顯然是他兩個姊姊太強勢，把話都說完了。可憐的小子。

在這段故事裡，馬大和馬利亞也被情緒淹沒了，因為她們心愛的小弟性命垂危。聖經上說：

有一個患病的人名叫拉撒路，住在伯大尼（伯達尼）；馬利亞和她的姊姊馬大也住在這個村莊。這馬利亞就是那位曾用香油膏抹主的腳，用自己的頭髮去擦乾的。患病的拉撒路就是她的弟弟。

那兩姊妹打發人去見耶穌，說：「主啊，你所愛的人病了。」

耶穌聽了這消息就說：「拉撒路的病不至於死，而是要榮耀上帝，並且使上帝的兒子因此得榮耀。」耶穌一向愛馬大和她的妹妹，也愛拉撒路。2

除了門徒之外，馬大、馬利亞和拉撒路大概是耶穌最好的朋友，耶穌深愛他們。光是「耶穌有朋友」這件事，恐怕就夠讓一些人驚訝了。他們以為耶穌高高在上用飄的，只有時間講道和醫治病人。但耶穌絕不是如此，他的外貌、舉止都跟普通人沒兩樣，除了能醫治病人、死裡復活、從不犯罪，而且剛好是神之外，他沒什麼特別的。

故事裡的拉撒路已奄奄一息，徘徊在鬼門關外。馬大和馬利亞得為他奔走，想辦法吸引神的注意。時間緊迫，她們必須一次成功，把耶穌請到家來。她們得好好想想該怎

1. 路加福音6章45節。
2. 約翰福音11章1～5節。

麼說，一定要理由充分、情節感人。這張紙條太重要了——弟弟的命全靠它了。

可是，這也正是她們被情緒淹沒的時候，根本沒有餘力管禮貌或修辭，她們最真實的想法將脫口而出。那麼，她們會怎麼求耶穌呢？你覺得她們會說什麼？

我想，如果我們是拉撒路的兄弟姐妹，大多數人會開始講拉撒路做過多少好事。我們會滔滔不絕地說他多愛耶穌、多崇拜耶穌，還有他多麼正直善良，絕不該死。

但馬大和馬利亞不這麼講。

因為她們知道什麼能打動耶穌。

「主啊，**你所愛的人**病了。」

這是她們心中最深、最真實的想法——耶穌愛拉撒路。

能打動耶穌的，不是她們對耶穌的愛，也不是拉撒路對耶穌的愛，更不是拉撒路做過的好事。列一長串拉撒路的豐功偉業根本沒意義，要打動耶穌不能靠這個。觸動耶穌的是他的愛，是他祝福、治癒世人的渴望。

後來，耶穌真的接受了馬大和馬利亞的請求，來到她們家裡。雖然他抵達時拉撒路已經過世，但這沒什麼大不了的——耶穌早就知道會這樣了。他輕輕鬆鬆就讓拉撒路復活，有這樣的朋友真好。

記下這件事的是耶穌的門徒約翰。約翰很了解耶穌的愛有多重要，在他的福音書裡，他五次自稱「耶穌所愛的門徒」。他甚至不提自己的名字，只想炫耀他是耶穌特別鍾愛的門徒。

他真的是耶穌特別鍾愛的門徒嗎？我們當然不知道。可是這不重要，因為他深信自己就是。就算是固執己見也好，這種想法還是有健康之處。如果我們都深信自己是神的最愛，並沒有什麼不好。也許有人覺得約翰這樣講很跩，但他根本不在乎，而且神好像也沒什麼意見——沒辦法，那本福音書是他寫的嘛！約翰界定自己的方式就是耶穌的愛，我覺得這一點十分動人。

約翰幾十年後又寫了幾封信，它們也被納為聖經的一部分。這些信簡直是為神寫的愛的宣言。我們來看看：

上帝差祂的獨子到世上來，使我們藉著他得到生命；上帝用這方法顯示祂愛我們。這就是愛：不是我們愛上帝，而是上帝愛我們，差了祂的兒子，為我們犧牲，贖了我們的罪。[3]

3.〈約翰一書〉4章9～10節。

認識耶穌之後，約翰領悟了一件事：**重點不是我們多愛神，而是神多愛我們**。

這個小小的真理能徹底改變你的思考方式、說話方式，以及祈禱方式。對我們大多數人來說，人生價值就是看自己能完成多少計劃、做多少善事、達成多少成就，但這樣的人生觀是以自我為中心，終究是死路一條。因為我們遲早會遇上處理不了的問題，需要我們其實沒資格獲得的幫助。以自己為中心的人生觀，其實極其危險、脆弱。

馬大和馬利亞與耶穌友情深厚，據學者們說，約翰也可能是耶穌最親近的門徒。由此看來，接近耶穌的人似乎都深信他很愛他們。這也許能給我們不少啟發。

細數思尋神的愛

馬大和馬利亞傳給耶穌的話是請求、也是祈禱，值得特別注意的是這份祈禱的核心：「你所愛的人。」

如果能好好傾聽自己的祈禱，好好思考自己情緒失控時脫口而出的話，我們一定能發現自己真心相信的究竟是什麼。我就發現自己常常這樣祈禱：「噢，主啊，我需要幫忙。我很虔誠，我有幫助別人，我很大方，我很神聖。我有認真讀聖經，我也非常、非常努力地祈禱。聽聽我的禱詞，看我引用了多少聖經金句，又說了多少讚美祢的話啊！所以，主啊，請幫助我，回應我的需要。」

換句話說，我的意思是：「主啊，祢看我做了這麼多事，所以幫幫我吧！」我們以為這樣能感動神——大錯特錯！能打動神的是祂的愛子、是祂的愛。

史上最有名的情詩之一，是英國詩人伊莉莎白・巴雷特・白朗寧（Elizabeth Barrett Browning）所寫的第四十三篇十四行詩（Sonnet 43），開頭是這樣寫的：「我是如何愛你？待我細數思尋。」

別細數你如何愛神，請細屬神如何愛你，和神的愛相比，你的愛如殘枝枯井。如果要祈禱，請像馬大和馬利亞那樣祈禱：「耶穌，你所愛的人需要你。」

舉例來說，有天下午我累極了，可是晚上還有件事要做完，雖然並不是什麼大事，但我真的需要一些力量。於是我獨自安靜幾分鐘，說：「主啊，祢所愛的人累了，請賜我力量。」

我得說，這真是健康、豐沛的祈禱方式，效果十分驚人。我不禁在心裡大喊：「哇！太誇張了！感覺怎麼這麼好！」

神被祂對你的愛觸動了。請常常提醒祂，祂有多愛你。

「主啊，你所愛的人這個月透支了一萬塊。帳單繳不了了。可是祢最愛我了，我是祢愛的人，所以主啊！請幫我的帳單想想辦法吧！」

雖不完美，但比跟神嘮叨你做了哪些事好太多。

也許你會想：可是我跟耶穌不熟啊！我根本不算是他的追隨者。

沒關係。無論是誰，只要這樣祈禱就是耶穌所愛的人，因為這個祈禱的核心是他的愛，不是我們的愛。我們想像不到他對我們的愛有多深，無論你是誰，無論你需要的是什麼，都可以這樣祈禱。我也祈禱你的心到時神思翻騰、情意泉湧，頓悟主愛豐沛，領略恩典奇妙。

「主啊，我是祢迷戀的對象，也是祢所愛的人，請來幫幫我吧！」

請想想看：聖經的焦點在哪裡？是人愛神呢？還是神愛人？

我們很多人會不假思索就回答：「當然是人愛神。聖經不都在講人拋下罪惡、轉向上帝嗎？」即使是嘴巴沒這樣講的人，心裡想的其實也是同一套——只要觀察一下我們怎麼祈禱、怎麼為人處事就知道了。

我們錯得離譜。

聖經總共六十六卷書、四十多名作者，寫作時間橫跨一千六百年，可是整部聖經都在說同一件事——神愛世人。

很多人相當在意自己的錯誤和弱點，每天皺眉苦思自己夠不夠愛神。但只要你願意多花點時間讀聖經，就會發現它談的都是神對我們的愛。事實上，是神的愛創造了我們的愛。

這是最不可思議的一點：神的愛太神秘、也太熾烈，竟在我們存在之前便已愛著我們。祂明明知道很多人會拒絕祂、憎恨祂、咒罵祂、反抗祂，可是祂還是選擇愛我們。神愛我們，因為祂就是愛。

聖經的信息很清楚，福音的核心就是神愛世人，無論我們願不願意回報，神都這樣選擇。「耶穌所愛的」約翰直白地說：「我們愛，因為上帝先愛了我們。」[4]

我們之所以會有認識神的念頭，也是因為祂緊緊跟著我們。我們是祂的最愛，祂一步不落地陪著我們。祂愛我們的程度超過朋友，超過叔叔阿姨，甚至超過父母。祂的愛比世上任何一種愛都完美太多。

真的，直到我們進入永恆與祂同在之前，我們都無法完全了解祂的愛。而在進入永恆之時，我們都融化了，祂宏大而豐沛的愛將徹底征服、揉合我們。

4. 約翰一書4章19節。

下次祈禱之前，請想想這幅永恆的圖像；下次遭遇失敗、面對挫折的時候，請想想這無以名之的愛，這將完全改變你的世界。

該怎麼描繪祂的愛有多深？多廣？多無孔不入？多所向披靡？在神的愛面前，世上一切比喻都失去作用。我們知道何謂婚姻、何謂親子、何謂友誼，但沒有任何事物能與神對我們的愛相比。

沒有人有辦法誇大神的愛——無窮無盡該怎麼誇大呢？絕不可能。祂先愛了我們，祂最愛我們，也將愛我們到永遠。

祂是如何愛我？

我將用一生細數思尋。

第12章

絕不離開，絕不拋下，絕不放棄

離去前的最後幾句話通常非常重要。無論是踏上漫長旅途，或是告別人世，人大多會好好把握最後相聚時光，講出對他們來說最重要的話。

〈馬太福音〉（瑪竇福音）最後幾章記錄了耶穌的死亡與復活（這個主題我稍後再討論），廿八章記下了耶穌在世間的最後幾句話。耶穌當時要離開門徒回天堂了，門徒們顯然悲喜交集、五味雜陳——他們才剛為耶穌復活歡呼，現在他又要走了。

耶穌知道門徒們此生不會再與他相見，給了他們幾個重要的鼓勵。事實上，他不只是在交代他們，也是在囑咐我們。即使事隔兩千年，他給追隨者的勉勵今天依然有效。

耶穌那天也許講了好幾件事，但從稅吏變成門徒的馬太，選擇以這句話結束他的作品：「記住！我要常與你們同在，直到世界的末日。」1 這個諾言顯然對他極其重要。

永遠與你同在

馬太想到耶穌就要離開，心裡一定無比難受，畢竟他才剛剛看到耶穌被釘十字架、又從死裡復活，情緒起伏太大。耶穌徹底改變了馬太的人生，因為耶穌相信他、與他為伴，他才從惡名昭彰的罪人成為十二使徒之一。耶穌如今準備動身離開世間，但他承諾會永遠與他們同在——也與我們同在。

這是什麼意思呢？畢竟，我們看不見他、聽不著他，也無法與他交談、擁抱或一同歡笑，至少就物理層次來說是這樣沒錯。耶穌說他會與門徒同在，意思並不是說他的身體會與他們同在。這是不可能的，雖然他是神，但他已取了人身，一次只能出現在一個地方。

遠在耶穌被釘十字架之前，他就跟門徒們講過自己有一天會被殺，可是他會從死裡復活，然後回到天堂。門徒們當初根本不信，還責怪他太過悲觀。但耶穌向他們保證這沒什麼不好，因為上主會賜給他們聖靈（聖神），當他們的老師、諮詢者與安慰者。

聖靈或許是聖三之中最不易瞭解的一位。聖經說只有一個上主，但祂有三個「位格」：聖父、聖子（耶穌）與聖靈。三個位格相互有別，但都是全然的神，也只有一個神。因此耶穌既是神，也能同時說他的父親是神，並允諾他將透過聖神——也是神——與世人同在。

覺得一頭霧水嗎？沒關係，上帝懂就好，祂不會因為我們不了解祂就產生認同危機。身而為人，我們無法擺脫經驗與語言的限制，想完全理解永恆的事物當然艱難。事

1. 馬太福音28章20節。

實上，這樣講還太高估了我們自己——「完全理解」上主不是艱難，而是根本不可能。如果神能被我們了解，祂就不是神了。

以自己的喜好界定上主，實在滑天下之大稽。這樣做的人以為將神降到他們自己的層次，就能理解上主。沒料到的是，因為這樣的「神」和他們太像了，所以他們不久就沒興趣了。

小孩子反而比較沒有這種問題，因為對他們來說，世界原本就充滿種種不可思議的驚奇。我覺得我們這些做大人的，在生活中也需要多一點驚奇。我們需要放鬆片刻，讓自己單純地敬畏上主。

對我們某些人來說，生活已經有些超載，充滿各式各樣的問題、痛苦、疾病或財務危機，我們知道自己需要耶穌的高貴與莊嚴，需要他幫助我們更新視野。因為我們該敬畏的是神，而不是自己的問題。

耶穌是復活與生命，是勝過萬世的王，他掌管一切、照看一切，他偉大、莊嚴又堅強，能幫助你面對任何問題。他將上主帶來世間，永遠臨在於我們之中。就像我先前提過的，在摩西（梅瑟）和律法的時代，罪或許是障礙，但它如今已經失勢。我們現在不必求神降臨，也不必刻意引祂注意，因為祂已永遠與我們同在。

耶穌與你同在，無論你在家、在工作、軟弱時、受誘惑時、失敗時，他都與你同在。也許你正面對人生中有史以來最大的挑戰，但請放心，神就在這裡。祂輕輕一喚便能平息狂風巨浪，帶給你平安。

耶穌不僅在你表現良好、充滿信心、生活聖潔時與你同在，即使在你恨他的時候，他還是愛你，此時此刻當然也愛著你，愛你愛得神魂顛倒。他之所以愛你、支持你，不是因為你是怎樣的人，而是因為他是這樣的神。他的愛沒有條件、一望無垠。他是你的保護者、辯護者，也是你的頭號粉絲。

只要有耶穌為伴，沒有解決不了的問題，沒有無法彌補的失敗，也沒有贏不了的敵人。耶穌今天要勉勵我們的，就像他很久以前對門徒們說的一樣。

「記住！我要常與你們同在。」

你怎麼來了？

你有招待過突來的訪客嗎？也許是晚餐時間，你正打算坐下來吃飯，但門鈴一響，你趕忙跑去開門，有個朋友一臉笑意站在門前。

你有點反應不過來：「呃……嗨！」

「嗨！我來了。」

「來來來！請進請進！」你邊拿拖鞋邊拼命想：我們有約嗎？我怎麼完全忘了？最後你還是放棄，開口問：「嗯……你怎麼來了？」

「沒有啊，我就來啦！」

「你就來啦？呃……我們家……我們家正要吃飯——」

「嗯，讚。」

「喔，所以你來一起吃飯？」

「沒有啊，我就來啦。」

這實在太詭異了。

所以我們是不是也該問：耶穌為什麼與我們同在？

這個問題跳到另一個層次了，很多人連想都沒想過，更別提要試著回答。他們也相信耶穌與他們同在，但不知道原因何在。

其實聖經講過，神之所以與我們同在，是因為**神為了我們而來**。祂來這裡確認我們有被好好照料，來這裡與我們左右相伴。祂來這裡幫助我們、保護我們、給我們力量。

〈羅馬書〉第八章說得很清楚：「我們該怎麼說呢？只要上帝在我們這一邊，誰能敵對我們呢？祂連自己的兒子都不顧惜，給了我們眾人。既然這樣，祂不會也把萬物白白地賜給我們嗎？」[2]

有些人對此百般質疑、反覆詰問，我完全無法理解。怎會有人堅持神不支持你呢？他們會說：神會發怒，神會審判，神會——

等等，你的意思是說，即使神把自己的兒子都給了你，你還是不相信祂愛你嗎？祂的兒子甚至願意為了愛你而死，你還需要其他證明嗎？

我爸爸以前會問人說：**「神得多好你才滿意？」**這不是訓斥，而是提醒。我們已經有了好到不行的神、好到不行的救主，我們的生命很美好，有很多事值得感謝，更有許多事值得高興。

可是有些人竟然認為神不在乎我們受苦。

「跌得好！吃點苦不錯。給我站起來！學到教訓了吧？」

神才不是這樣，這太詭異了。要是為人父母是這種態度，早就被告虐待兒童，送到監獄裡去了。但我們竟然以為神會這麼古怪、這麼乖戾。

2. 羅馬書8章31～32節。

我喜歡神透過先知耶利米（耶肋米亞）說的話，祂說：「惟有我知道我為你們安排的計劃：我計劃的不是災難，而是繁榮；我要使你們有光明的前程。」[3]

也就是說：「別說什麼我是來折磨你們、審判你們的，而且還對你們一肚子氣。我知道自己對你們的安排是好的，不是壞的。我知道你們的未來是一片光明！」

神為我們而來、與我們同在，祂支持我們，也愛我們，這就是福音。

無論我面對什麼事，祂都與我同在、支持我；即使毫無道理，祂都與我同在、支持我；即使我什麼都不懂，祂都與我同在、支持我；不管別人說什麼，祂都與我同在、支持我；無論我的情緒、健康、財務狀況多糟，祂都與我同在、支持我。

即使在人生最黑暗的時刻，只要謹記神與你同在、支持你，就能常有朝氣、平安與喜樂，這就是福音。

我心靈得安寧

我猜有人會想：因為耶穌與我們同在，所以一切能一帆風順，而愛耶穌與不愛耶穌的人的區別，就是愛耶穌的人可以心想事成，有房、有車、身體健康、精力充沛。既然耶穌許諾了恩典，信他的人生命一定富足。

是的，神想祝福你；是的，神會支持你。祂希望你幸福，希望你健康，希望你富足，希望你成功。

但無庸置疑的是，好人也會遇上壞事，人生未必是順遂或愉快的，禍福並不總是說得出道理。有些時候，我們就是會感到寂寞、失落或絕望。

不過，只要明白耶穌隨時在我們左右，什麼風浪都可以渡過。知道耶穌愛他們、支持他們、與他們同在的人，不只能熬過痛苦、失落與艱難，還能因此淬鍊為更堅強也更好的人，他們比輕鬆安逸但遠離耶穌的人更具生命力。

十九世紀的芝加哥，有位名叫何瑞修．史佩弗德（Horatio Spafford）的大律師，他不但經商有成，而且婚姻美滿，有四個女兒、一個四歲大的兒子。史佩弗德家族在芝加哥以好客聞名，他們積極參與廢奴運動，慷慨資助基督教傳教士，受惠者包括佈道家慕迪（D. L. Moody）。何瑞修鉅額投資芝加哥房產，拜市場蓬勃所賜，家境十分富足。

然而悲劇一一降臨。一八七〇年時，他四歲大的兒子死於猩紅熱，幾個月後芝加哥發生大火，他的投資付之一炬。

3. 耶利米書29章11節。

兩年後，他們一家決定和朋友到歐洲度假。啟程那天，何瑞修臨時被房產生意耽擱，不得不讓妻子和四個女兒先行出發，打算事情一處理完就跟上。

幾天後，他收到了妻子發來的電報，第一句便是晴天霹靂：「只有我生還，該怎麼辦……」

他馬上知道了可怕的消息：他們全家搭的船在海上與另一艘船相撞，短短十二分鐘便沉入大海，四個女兒全數罹難。他現在唯一能做的，就是立刻搭下一班船，趕往妻子身旁安慰她。

船啟航了。何瑞修一路上想的都是這災難不斷的兩年。航行到某個地方時，船長特地告訴他這就是船難的地點，海面底下，就是他心愛的四個女兒的葬身之處。

望著那片大海，何瑞修．史佩弗德心情激動不已，提筆寫下了他靈魂的觸動。這首詩後來成為最受喜愛的聖詩之一：

有時享平安，如江河平又穩，
有時憂傷來似浪滾，
不論何環境，我已蒙主引領，

我心靈得安寧，得安寧。

同樣身為父親，我實在難以想像這是何等的傷痛。財務危機已經十分難熬，更何況先是失去兒子，兩年後又一次失去四個女兒？

聖經說：「縱使走過陰森山谷，我也不怕災害；因為祢與我同在——祢用杖領我，用棍護我。」[4]

有了耶穌，就有了克服一切險阻所需要的一切，即使目前事事不順、處處障礙，即使映入眼簾的是一片傷痛、失落、悲苦的大海。

耶穌賜我們恩典，讓我們能堅韌地說：「我心靈得安寧。」因為他就在這裡。在失落與死亡襲來時，他讓我們的靈魂得到平安與生命。

耶穌哭了

我並不是輕視失落感，也不贊成壓抑痛苦，更反對責備別人哀傷。我絕無此意。父

4. 詩篇（聖詠）23章4節。

親過世的創傷撼動我的靈魂，讓我哀痛了好一段時間。我花了好幾個月才讓心情平復，並重新建立自我認同。

然而，即使是我父親與疾病奮戰那幾年，即使在他過世後那段時間，即使在我赫然發現要負責帶領一個幾千人的大教會時，我也從未感到孤單。

耶穌是活生生的，他就在我身邊，他是我的生命、我的平安、我的保障。何瑞修．史佩弗德是我的典範，我絕不敢說自己的靈性和他一樣堅韌，但在耶穌身上，我同樣找到了前所未見的愛與力量，經驗了福音的單純與恩典的大能。

我多麼希望能描繪耶穌臨在給我的豐沛力量，但這或許只能親自體會，無法透過文字理解。不過我能肯定地告訴你，當我們需要耶穌時，他永遠都在。他比我們想像中更真實、更接近、更豐沛，也更與我們感同身受。

耶穌說：「在世上，你們有苦難，但是你們要勇敢，我已經勝過了世界！」[5]

耶穌讓拉撒路復生的故事，正說明他多關心、多同情我們的憂傷。〈約翰福音〉十一章卅五節，聖經裡最短、也最深刻的金句之一寫道：「耶穌哭了。」他沒有訓斥我們不該哀傷，反而**與我們一同哭泣**。

讀完整個故事之後，你會發現耶穌一開始就知道拉撒路會死，而他也打算讓他所愛的朋友復活——既然如此，他何必哭呢？何必浪費他的眼淚，而不教訓眾人信心不足？而且，這不正是展現他的大能與神聖的好機會嗎？

可是他哭了。因為大家的哀傷打動了他，他們的傷痛讓他憐憫。不過，耶穌不只與他們同哀，還出手讓拉撒路復活，同樣地，他也要賜給我們生命。在死亡降臨的時候，耶穌的生命顯得尤其清晰。

耶穌對馬大說：「我就是復活，就是生命。信我的人，雖然死了，仍然要活著；活著信我的人一定永遠不死。」6

「耶穌與我們為伴」的事實，不僅能在艱困時帶來安慰，也能在環境嚴峻時給予我們勇氣。耶穌帶來生命，趕走死亡；帶來希望，驅逐哀傷。耶穌將我們的傷痛轉化為喜樂，在我們最需要他時寸步不離，無論我們知不知道、珍不珍惜，他都與我們常相左右。

耶穌絕不離開我們，絕不拋下我們，也絕不放棄我們。

耶穌永遠在這裡。

5. 約翰福音16章33節。
6. 約翰福音11章25～26節。

PART.6

因為耶穌是＿生命＿

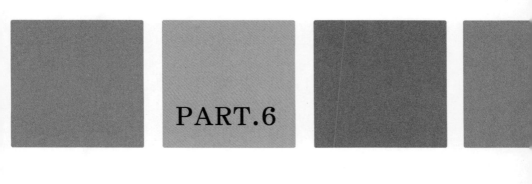

第
13
章

你真正「活」著嗎？

我喜歡看電影。你也許有點驚訝，因為我是牧師，而你可能以為牧師只看好消息頻道和公共電視台。

為了不讓你覺得我不屬靈，我不會證實或否認我是否真的看過接下來要談的那部電影。就當我是從看過的人那裡聽到內容好了。我聽說內容很暴力，而我堅決反對暴力。所以如我所說，我既不證實也不否認我看過這部電影。

那部電影叫「英雄本色」(Braveheart)，我聽說裡面的主角威廉・華勒斯（William Wallace）說了句發人省思的話。當然，我也特地去考證了一下，查遍所有嚴謹專業的資料（例如維基百科）後，我的研究結論是：我們無法判斷威廉・華勒斯是否真的說了這句話，但可以確定梅爾・吉勃遜（Mel Gibson）講過。

「每個人都會死，但不是每個人都**真正活過**。」

說得真好，很值得我們好好想想。

這才是人生

你活著嗎？你在呼吸，心臟在跳動，大腦顯然也在運作，因為你正讀著這本書。很好，你還活著。如果有人質疑是否真的有你這個人，你還能拿出身分證或出生證明給他看。你大大方方地站在地球上吸入氧氣，的確活著沒錯。

可是，你**真的**活著嗎？

在〈以弗所書〉（厄弗所書）二章一至七節裡，使徒保羅（保祿）說：

從前，你們因犯罪違抗上帝的命令，你們在靈性上是死了。那時候，你們隨從這世界的邪風惡俗，順服天界的掌權者，就是管轄著那些違抗上帝命令的人的邪靈。其實，我們每一個人從前也都跟他們一樣，放縱本性的慾望，隨從肉體的私慾意念。因此，我們跟別人沒有差別，都注定了要受上帝的懲罰。

但是，上帝有豐盛的憐憫；祂對我們的愛浩大無窮。我們的靈性在違命的罪中死了的時候，祂使我們跟基督一同復活；是祂的恩典救了你們的。上帝已經使我們在基督耶穌的生命裏跟基督一同復活，一同在天上掌權。祂這樣做是要向世世代代表明祂極大的恩典，就是祂從基督耶穌向我們顯示出來的慈愛。

我們很多人熱衷「追求人生」。舉例來說，當我們塞在橋上動彈不得時，看見河面有艘船悠哉地駛過，很難不心想：「這才是人生！真想買艘船，這樣才叫人生！」

或者老闆成天遲到早退，在他那間寬敞舒適、景觀優美的辦公室裡什麼事也不做，整天打憤怒鳥。我們忿忿不平，心想自己每個禮拜工作四十、五十、甚至六十小時，居然連好好吃頓飯的時間都沒有——他那種人生才叫人生！我遲早要爬上那個位子，然後好好享受人生。

可是，這樣的「人生」真的能讓我們滿足嗎？難道只需要升職、一艘船，或是更多的錢，就能讓我們好好運用人生？

這些東西當然都不錯，船更是好。可是要追求真正的人生，它們都只是錦上添花的裝飾品。這就是為什麼許多人過了一生，卻從沒好好活過。這也是所羅門（撒羅滿）王的人生領悟，如我們之前在〈傳道書〉（訓道篇）中讀到的。

我們當然都有志得意滿的時刻，人生裡確實也有喜樂、歡笑與驚喜。但無可迴避的是，當一天結束，夜深人靜時，我們仍不時感到若有所失，輾轉反側。

婚姻無法帶給你真正的人生，再婚無法帶給你真正的人生，家財萬貫無法帶給你真正的人生，名聲無法帶給你真正的人生，你的限量版藍寶堅尼跑車也無法帶給你真正的人生。它們或許都不錯，但也都無法帶給你真正的人生。

沒射中靶

讓我進一步說：活在罪惡之中算是真正活著嗎？

回答這個問題之前，我們必須承認罪惡真實存在。如果你正好有個牙牙學語的小鬼，你鐵定已經知道世上的確有罪惡，而且還包著尿布。怎麼會有東西這麼可愛，卻又這麼吵、這麼蠻橫不講理？而且偏偏要在大庭廣眾的地方鬧？你都要被白眼瞪死了還是照鬧不誤？沒人教我們自私自利、忘恩負義、暴躁無禮，可是我們天生愛犯罪，像是原廠設定出了問題，聖經說這叫原罪。

為了把罪惡解釋清楚，很多人殫精竭慮、拼命研究經書，但無論他們的理論多麼高妙，都解決不了為何惡人始終存在的問題。只要哪個人故意絆你一腳，你就知道世上的確有罪惡這種東西。而且即使是「好」人，也一定做了不少壞事。罪惡無所不在，我身上有，你身上也有。

神創造亞當夏娃（厄娃），世上第一對男女，神賜給他們自由意志，因為祂要的不是傀儡。祂希望我們能自主判斷、自由選擇，所以祂給了我們這種能力，希望我們能自行決定要接受祂或拒絕祂，因為強迫的愛根本稱不上愛。結果，亞當夏娃拒絕了神，於是接下來世世代代的人，天性裡都帶著拒絕上主、恣意行事的傾向。背離神原本的計畫，就是一切罪惡的根源。

我相信世上有是非對錯。雖然有些人認為你覺得可以就可以，他認同如何便如何，但當他贊同的東西牴觸、甚至傷害到你的利益時，這種相對主義的立場馬上崩解。是非善惡有絕對標準，好人會努力遵守，好政府會加以強化。

也有某些領域不涉道德，沒有是非對錯。事實上，人生中的大多數問題都是如此，只要我們適當運用或對待，它們就能增進我們的快樂或成就感。舉例來說，金錢不涉道德，車子不涉道德，運動也不涉道德——或許板球是例外，一次得打上五天的運動一定是罪（抱歉了，我的英國朋友）。

有些事情在特定脈絡裡是錯的，它們的道德性的確是相對的。比方說，嚼口香糖在新加坡犯法，可是在我們西雅圖，派克市場（Pike's Market）旁有個出了名的口香糖牆（Gum Wall），世界各地的人都來這裡黏口香糖，搞不好連新加坡人也來湊個熱鬧。我敢說那是你能想見最噁心的東西，可是它不是罪——我希望它是，可是它不是。

關於罪的定義，我所聽過最好的說法是「沒射中靶」。神在那裡擺了張靶，而我們全沒射中。

沒射中就是沒射中，不需脈絡、沒有相對性，也沒有灰色地帶。錯就是錯，無論我們怎麼解釋、怎麼合理化，鐵一般的事實就是我們都犯了罪，我們犯的罪遠比自己願意承認的更多，而且一犯再犯。

聖經裡第一次談到罪，是〈創世記〉四章七節。該隱（加音）生弟弟亞伯（亞伯爾）的氣，神警告他不可向罪屈服：「你做了不該做的事，罪已經埋伏在你門口。罪要控制你，可是你必須制服罪。」

如果你已經聽過這個故事，你一定知道該隱後來並沒有制服罪，差得遠了——他殺了弟弟，犯下人類歷史上第一樁殺人案。

「制服罪惡」說來好聽，可是人類一直做得不好。聖經一次又一次提醒我們都是罪人，〈羅馬書〉三章廿三節更是直言無諱：「人人都犯罪，虧欠了上帝的榮耀。」〈羅馬書〉三章十節說的也一樣：「沒有義人，連一個也沒有。」成為義人，代表你能坦然來到上主跟前，與祂並肩而站，因為你正直、清白，又完美無瑕。聖經說這樣的人連一個都沒有。

我們可以試著當義人，我想大家都願意這麼做。我們扶老太太過馬路，招待鄰居朋友，給街頭的遊民一點錢，以為多做些好事，空虛感就能減少一些，心裡那股不對勁的聲音就能小一點。然而，無論我們做多少善事、多努力工作，無論我們多用心當個好伴侶、好爸媽或好親戚，我們還是隱隱約約覺得有些事不太對勁。

我剛剛引用的那段〈以弗所書〉說，我們的靈命已經死於罪中。換言之，活在罪中根本不算是活，就如同行屍走肉。我們都是殭屍俱樂部的會員，也許有歡樂時光，也許也盡力付出，但很可惜，我們還是沒有**真正的生命**。

活在罪裡算是活著嗎？我不覺得。我們是還在呼吸沒錯，罪可以讓我們再苟延殘喘一會兒，可是它絕不能讓我們真正活著。罪就是如此。

所以我有個好消息，也有個壞消息。壞消息是，我們都是罪人；好消息是：你不孤單，其他的人也都是罪人。

甘道夫也解決不了

既然如此，我們還能做什麼呢？我們選得出能解決罪的問題的人嗎？我們能訂立深刻、有力的法律，幫助人擺脫罪的問題嗎？更重要的是，這真的是解決之道嗎？

想要找人解決罪的問題，它的矛盾是：無論什麼人，他本身也都要面對罪的問題。

我們或許想假裝太平無事、一切都好，但聖經已經說得很清楚了：沒有人不犯罪。因此，答案不可能在我們自己身上找，沒有任何一個人有答案。共和黨沒有答案，民主黨沒有答案，白袍甘道夫當然也沒有答案——「魔戒」的粉絲們請別扁我。

寫〈以弗所書〉的是使徒保羅。在認識神之前，保羅可不是什麼好人。當然，他自己並不會這麼想，因為他對宗教狂熱，也因此自視甚高。只要別人不贊同他相信的事，他就把人揪出來，送進牢裡。簡言之，他心狠手辣、傲慢自負，幾乎算是謀殺的共犯。

但在神掌管他的生命之後，一切都改變了。他成了極其優秀的傳道人，幾乎半部新約都出自保羅之手。

然而，即使在他成為教會史上最偉大的其中一個領袖之後，他還是三不五時地敗給罪惡。在〈羅馬書〉七章廿四節中，他道出了人類共同的嘆息：「我真苦啊！誰能救我脫離這使我死亡的身體呢？」

保羅一語道破與罪的爭戰是多麼漫長艱鉅，他知道罪惡隨時環伺在側，無時不在算計入侵，罪惡控制身體一日，死亡的威脅便一日不除。但在下一節裡，保羅馬上做出了回答：「感謝上帝！藉著我們的主耶穌基督，他能夠救我！」

耶穌是唯一真正活過的人，因為他沒有罪。我們之所以失去生命，也正是因為罪。

耶穌全身閃耀著生命的光輝，因為他從不犯罪。他也受過試探，但他擊退了一切誘惑，他三十三年的人生從沒犯罪。

因為他是唯一一個真正活過的人，所以他也是唯一一個能徹底解決罪的問題的人。

他為我們開出一條路，讓我們能循路找回真正的生命。

再試一下

〈以弗所書〉第二章的頭幾節，寫實地描述了悖離上主與耶穌的生命會有多麼黯淡，可是第四節的經文劈頭就寫：「但是，上帝……」

不論上帝出現得多突兀，我都歡迎。

上帝闖進來了，不是因為我們傳簡訊給祂，不是因為我們打電話給祂，也不是因為我們派個人搖白旗對祂說：「主啊！我們真的很抱歉，一直不理祢真是對不起！拜託祢再來幫幫我們吧！」

都不是。事實上，我們連陷入絕境都不理祂，耽溺於盲目地放箭，把箭都射到靶外面去，而且還一邊咯咯傻笑，好像犯錯很有趣似的。

「但是，上帝」在我們還樂於當罪人時，就讓基督為我們死。

「但是，上帝」主動出手。

「但是，上帝」被祂豐盛的憐憫與浩大的愛觸動。

這裡有個天大好事：神有「豐盛的憐憫」。請注意，祂不只有憐憫，而且是有**豐盛的憐憫**，豐盛得高不見峰、深不見底、無邊無際。聖經說憐憫勝過審判，我們該為犯罪、拒絕神而接受審判，但神的恩典豐盛，祂是「再試一下」之神。

我很懂「再試一下」的精神，因為我兩個兒子都打樂樂棒球（T-ball）。你聽過這種運動嗎？球棒是用泡棉做的，沒有投手，球就穩穩放在T型架上讓你打。每個小朋友可以揮棒幾次呢？八次；而看台上的爸爸媽媽們可投入了：「打得好！太棒了！小安最讚啦！」

我有時不禁心想：「球就擺在那裡讓他打，可是那小子還是打不到，我們這些大人卻還是照樣歡呼喝彩，跟瘋了一樣，我們是有病嗎？」

最後揮第八棒，那小子一棒打在架子上，球慢吞吞地從上面滾下來。時間像靜止似地，終於聽見教練喜孜孜地喊：「打中了，跑啊！」

我想神大概很像這樣。我們揮棒落空、再落空、三落空……大家看得吐血，搖頭心想：「這傢伙居然還活在地表上？神居然還繼續祝福他？天啊……」

我們揮了又揮、揮了再揮……只見有豐盛憐憫的神不斷把球撿起來：「揮得好、揮得好，再來一次！」

在此同時，觀眾們紛紛攤手表示不解：「拜託，他出局了好不好？」

只見神板著臉說：「我說出局才出局。」

〈以弗所書〉第二章不僅說神的恩典豐盛，還說祂有「浩大的愛」。我喜歡這種講法——不只是愛而已，是**浩大的愛**。我愛一些人，可是我的愛有限、不穩定，有時甚至混雜自私，遠遠稱不上「浩大」。

但這位有浩大之愛的神，深愛全世界。

你難道不會好奇，這位有豐盛憐憫、浩大之愛的神是誰？為什麼祂不在意人的善行或潛能，只出於憐憫和愛，就四處找尋靈命已死的人，幫助他們重新獲得生命？

有些人認為，神之所以愛我們，是因為我們有潛能。我們現在是很糟，可是我們有一天能成就大事，所以神來拯救我們。

我們以為神會這樣跟大天使說：「加百列（加俾額爾），有看到那邊那個人嗎？」

「（瞇眼望去）……喔，那個人形災難啊？」

「對對對，就是那個。我跟你說，這小子有潛力喔！」

「主啊，您沒搞錯吧？那傢伙……您就別浪費時間在這種人身上了吧。」

「不不不，我說真的，我看得出來。」我們繼續幻想神這樣講：「我們只要花個幾年，就能把他變成一個超棒的基督徒。我覺得他能幫我不少忙。」聽起來真的好屬靈。

這種解釋看似謙卑，實則不然，因為它只是拐個彎說我們值得被拯救而已。雖然承認自己現在一無是處，卻自我催眠遲早會是明日之星，以為神是預見了這點才拯救我們。

醒醒吧，各位！神才不是因為我們有潛力才拯救我們，別笑死人了。我們是有潛力沒錯，可是神救我們脫離罪惡與死亡，絕不是看上我們有朝一日能幫祂——神根本不需要我們幫忙。

祂這樣做只是因為祂愛我們，也希望我們愛祂。

把神說成為了增加助手而拯救人類，就好像說我生小孩的目的是要有人打掃家裡。拜託！有小孩的人都知道這是天方夜譚。家裡有了小孩，連肥皂都乾淨不了。但有什麼關係呢？我們根本不在乎（至少大多數時間不在乎）。除了神和婚姻之外，小孩絕對是世上最令人心滿意足的事了。

我和太太選擇生小孩，是因為我們渴望家庭關係。所以嚴格說來，我們真的是在有孩子之前就愛著他們了。我才不在乎他們有沒有打掃或賺錢的潛力，生養孩子就是因為我們愛他們。

神有豐盛的憐憫與浩大的愛，見到我們因罪而死，祂絕不忍心放手不管，一定要讓我們重獲生命。

所以祂讓耶穌到來。

在耶穌裡，每個人都能真正活著。

第14章

找到真實的生命

〈馬太福音〉（瑪竇福音）的結尾相當精彩。我在前面引述過最後一句，關於耶穌允諾要永遠與我們同在。事實上，〈馬太福音〉最後一章都在歌頌耶穌的最終勝利，並為我們描繪一個光輝的未來。

當時的情形是耶穌剛剛死去，羅馬政府大大地鬆了一口氣，因為造反的隱患除掉了；法利賽人也興奮不已，因為不斷批評他們的對手消失了。至於耶穌的門徒，則是一個個被整件事驚嚇到，怎麼想也想不通過去幾天所發生的事。事態發展完全出乎他們意料之外，他們從沒想過會這樣收場。

〈馬太福音〉第廿八章是這樣的：

過了安息日，星期日黎明的時候，抹大拉的馬利亞（瑪利亞瑪達肋納）跟另一個馬利亞一起到墳地去看。

忽然有強烈的地震，主的天使從天上降下來，把石頭滾開，坐在上面。他的容貌像閃電，他的衣服像雪一樣潔白。守衛們驚嚇得渾身發抖，像死人一般。

那天使向婦女們說：「不要害怕，我知道你們要找那被釘十字架的耶穌。他不在這裏，照他所說的，他已經復活了。你們過來，看安放他的地方。你們趕快去告訴他的門徒：『他已經從死裏復活了，他要比你們先到加利利（加利肋亞）去；在那裏，你們會見到他！』要記住我告訴你們的話。」

婦女們就急忙離開了墳地，又驚訝又極歡喜，跑去告訴他的門徒。忽然，耶穌在路上出現，對她們說：「願你們平安！」她們上前，抱住他的腳拜他。耶穌對她們說：「不要害怕，去告訴我的弟兄，叫他們到加利利去；在那裏，他們會見到我。」

婦女們還在趕路的時候，有些把守墳墓的兵士回城裏去，向祭司長報告所發生的一切事。祭司長和長老一起商量後，拿一大筆錢給兵士們，對他們說：「你們要說，耶穌的門徒們在夜間來了，趁著你們睡覺的時候把他的身體偷走了。要是總督知道了這件事，我們會出面說話，擔保你們沒事。」兵士接受了錢，照他們所吩咐的做了。這謠言到今天還在猶太人當中流傳著。

十一個門徒到了加利利，到耶穌吩咐他們去的那座山上。他們一見到耶穌，就都向他下拜；可是還有人心裏疑惑。

耶穌走近他們，對他們說：「上帝已經把天上和人間所有的權柄都賜給我了。所以，你們要去，使萬國萬民都作我的門徒，奉父、子、聖靈的名給他們施洗，並且教導他們遵守我所給你們的一切命令。記住！我要常與你們同在，直到世界的末日。」

我回來了

就這麼幾天，一切都改變了。這才叫大逆轉，這才是空前絕後的漂亮結局。原本大家都相信耶穌死了，他們親眼看到羅馬士兵釘他上十字架、看著他死，然後才把屍體卸下來。羅馬士兵可是職業劊子手，在殺人這檔事上，他們從不失手。

可是現在耶穌明明活著，而且還到處出現，把他那些緊張的門徒嚇個半死，而他只輕描淡寫地說：「我回來了。」出於某種原因，我老是覺得這句話帶點奧地利腔。[1]

門徒們歡天喜地的時候，羅馬人和法利賽人面色如土。不過，耶穌的某些追隨者也半信半疑，想要再確認，因為他們就跟大多數人一樣，對壞消息的接受度比好消息高。

面對他們的質疑，耶穌當時一定心想：「我死而復活回來了，這些朋友居然不認得我，真不夠意思。」

總之耶穌回來了，就像他許諾的一樣。

說到「殭屍復活」給我們的啟示——你們一定不覺得這能有什麼啟示，但我倒是想到一件事——耶穌這種等級的復活，根本是超級殭屍王的層次。你看，他先被殺掉，然後復活，而現在，他回來找你了……

好了，我不是要嚇你，有點幽默感好嗎？研究證明有幽默感的人比較長壽。

重點是，如果耶穌死了就結束了，這件事沒什麼大不了的。人本來就會死，多好的人都一樣，古往今來都是如此。很多人甚至為信仰付出生命，他們的精神鼓舞後人，我們緬懷這些殉道者，有時甚至放假紀念他們，但最多也僅止於此。

然而，如果耶穌真的死而復活，一切都不一樣了，因為這代表他擊敗了最終的敵人——死亡；這也代表他關於自己的話都是真的——他不只是人，他更是神，他是人類一切問題的解答，他就是救主。

法利賽人比我們很多人更快領悟這些意義，但他們是否相信耶穌復活，我們不得而知。我是覺得他們有些人可能相信，但他們消化不了這件事，也改變不了自己的想法。他們執著於現狀，不敢換上更高、更廣的視野。

可是耶穌復活的消息一旦傳開，他們很清楚會有什麼後果：他們的生活方式將遭受嚴峻的挑戰。如果耶穌是通往神的道路，宗教權威就不是；罪人不但不會失去救贖，反而是救恩的主要目標；眾人不再奮力奉行其實根本奉行不了的律法，反而轉為追隨耶

1. 譯注：作者在此影射阿諾史瓦辛格（Arnold Schwarzenegger），史瓦辛格為奧地利裔，「我回來了」是他主演的電影「魔鬼終結者」（The Terminator）的著名台詞。

穌，畢竟他的擔子是輕省的，他們將活在恩典的廣漠之地。

於是，法利賽人乾脆撒謊，而且賄賂羅馬士兵去散布謊言，並擔保會力挺他們。沒錯，這種手段實在很小人，但總好過坐等宇宙法則的顛覆。問題是，創造宇宙秩序的神明明在他們眼前，他們卻視而不見。

我不願苛責別人，但很多不錯的人就是不願相信耶穌是神。他們承認耶穌是好人、甚至是偉大的人，也嘆息這樣一個好人竟因信念被殺：「太可悲了，人類對待彼此的方式有時真是冷血。」他們希望耶穌當時能繼續傳道，立下靈性典範；他們也認同耶穌關於愛與公義的教誨，認為這的確是人類應該追求的理想。但到頭來他們還是滿腔鬱悶，拉長了臉面對生活與大小問題，眼界就跟週遭的人一樣短淺。

可是耶穌不只是被殺死而已，他還從死裡復活。

神就是這樣，永恆、無限的神不可能被祂的創造物殺死——頂多暫時受死。耶穌復活證明他說的一切都是真的，這賜給我們希望，讓我們能勝利地活在此生；這也證明此生結束之後，生命會繼續延續。耶穌復活證明福音是好消息。

福音不只是耶穌為我們的罪而死，這只是前半部；福音的後半部是耶穌復活，一舉征服一切的罪與死亡，讓我們獲得永恆的生命。

空心巧克力兔

從小到大，爸媽每年都送我一隻復活節的巧克力兔。每年我也都一樣地打開包裝，拿出巧克力兔，咬下一隻耳朵，暗暗希望今年的巧克力兔是實心的——心願從來也沒實現，空心就是空心，年年槓龜，屢試不爽。為什麼我就是吃不到實心的巧克力兔呢？為什麼？

保羅在〈哥林多前書〉（格林多前書）十五章十六至廿節寫道：

死人若沒有復活，那等於說，基督沒有復活了。基督若沒有復活，你們的信仰就是幻想，你們仍然迷失在罪中。這樣的話，死了的基督徒就都算滅亡了。如果我們信基督的人只在今生有希望，我們就比世界上任何人更可憐了。然而，事實上基督已經從死裡復活；這是要保證已經死了的人也要復活。

保羅希望哥林多基督徒知道的是：如果耶穌沒有從死裡復活，他們的信仰就是空的，跟復活節的巧克力兔一樣，空虛、枯竭、不實在，跟個擺飾沒兩樣。

如果耶穌沒復活，代表我們還是陷在自己的罪裡，他的死意義不大，也稱不上什麼好消息。這表示耶穌還不夠強，擊敗不了最終的敵人——死亡。

我們必須切記，死亡並不是神創造的，它是罪的後果。所以要是死亡能擊敗耶穌，就代表罪的問題還沒解決，而我們也仍迷失在罪裡。

保羅甚至認為，要是基督宗教的意義，只是要人在世上做個聽話的好寶寶，那麼基督徒比世上其他人更可悲。

換句話說，今生不是重點所在。生命很美好，我們在世上也得到神很多祝福，但耶穌付出生命的目的，並不是要建立一套更完美的道德規範。耶穌不是為了世界和平而受苦、犧牲生命，我們的信仰也不僅止於讀聖經、祈禱、上教堂。這些行為都很好，但耶穌勝利的意義還深遠太多。

因為耶穌到來，我們才能永遠與他同在。這才是真正的生命。

無論如何，我們都贏

聖經提到許多奇蹟與蒙神治癒的故事，我們教會也為不少病人祈禱，見證過真實的奇蹟痊癒（有些患者甚至病情相當嚴重）。雖然不是每個病人都獲得治癒，但很多人有這樣的經歷。我深信神願意治療病人，也相信祂有這個能力，就像耶穌當年一樣。

當我爸爸被診斷出癌症時，我們全家、全教會為信仰打了漂亮的一仗。我們不斷為我爸爸祈禱，堅信聖經的應許，堅信神會治好他的病，讓他繼續和我們在一起。

我只能說，我們教會的人真的太棒了。他們那段時間的溫暖關懷，我現在想起來都忍不住要掉淚。我們家永遠欠你們一份情。我們一同走過死蔭的幽谷，而即使在最暗無天日的時刻，他們的信仰也始終如一。

幾年下來，我爸幾乎沒出現癌症症狀。治療的副作用有時很強，但癌症本身的確控制得不錯。我們信仰堅定，祈禱熱切而充滿信心。

但幾年之後，我爸的病情開始急速惡化，血球數遽降，疼痛問題也日益嚴重。治療減緩了癌症的進程，但他的精神體力每況愈下。

病情轉變之後，我們不得不逼問自己：關於神、關於死亡、關於生命的意義，我們真正相信的究竟是什麼呢？我想我們從未懷疑神的良善與治療大能，但我們不得不開始想一些艱難的問題。

「要是溫德爾牧師沒康復怎麼辦？」每個人的神色流露出共同的憂慮，心想：「我們為他祈禱好幾年了，深信他會好起來，也總是在講他一定會好，要是他去世了怎麼辦？我們的信仰會受到打擊嗎？」

我那時剛開始負責講道，我爸仍是主任牧師，但因為身體狀況的關係，他很少上台講道了。於是每個週末，我都在教堂宣揚神的慈愛與大能，但在此同時，我也看到會眾們一張張充滿疑惑的臉。

可是我爸媽的信仰絲毫沒有動搖，看著他們的榜樣，我們的信仰也益發堅定。我爸爸說得好：「無論如何，我們都贏。」

這成了我在講台上一說再說的話。無論神治癒他或是帶他回天家，我們都沒有輸。如果他獲得治癒，當然是天大的勝利；但即使沒有，天堂也絕對不是失意場，相反地，再也沒有比天堂更好的地方了。

二〇一〇年聖誕節前幾天，爸爸走了。他現在到了美好的居所，回到無限美好的家鄉。他為信仰打了漂亮一仗，完成了他的任務，把棒子穩穩交到我們手上。我相信他現在在天上看著我、也看著我們的教會，為我們加油打氣。

我們當然難過、當然失落，直到現在，我們還是天天想他。但我們是從永恆看待今生，我們知道遲早會與他重逢，也相信神的良善、慈愛與大能從未改變，無論過去、現在或未來都同樣真實。

聖經稱死亡為「最後的敵人」，比疾病、懷疑、恐懼、罪惡、貧窮或痛苦都難纏。可是耶穌復活擊敗了它，這代表我們再也不必畏懼任何事物——包括死亡在內。我深信天國是我爸最終的勝利，死亡沒有擊敗他，因為耶穌已經擊敗了死亡。

〈羅馬書〉五章廿一節說：「正如罪藉著死亡來管轄，上帝的恩典也藉著公義來統治，使我們藉著我們的主耶穌基督得到永恆的生命。」我們在耶穌裡，所以罪惡、死亡與魔鬼都不足懼。

這才是我們看待生命的方式。福音已將一切導入正軌，所以即使有壞消息，福音的好消息還是能勝過它們；眼前的困境也許艱險，但耶穌的大能還是能克服它們。

天要塌了（才怪！）

基督徒有時比任何人都烏鴉嘴，這不太健康。老實說，我覺得基督徒根本不該這樣，因為恐懼與我們的神格格不入。

我們有些人很容易杞人憂天，支持的候選人落選了，就覺得人生沒希望了；一聽到戰爭或天災的消息，就以為世界快毀滅了。

抱歉，我實在不相信世界已經亂到無可救藥，只能坐等耶穌再臨；我也完全沒有囤積糧食、建避難所的打算，至少我暫時看不出來核子大戰即將爆發。

無奈的是，我們對壞消息反應過度的習性根深柢固。有些人恐怕得跟放羊的孩子綁在一起、捂上嘴巴，才能不再嚷嚷「末日到了」。

詭異的是，有些人似乎就是愛聽壞消息，即使號稱相信上帝掌管一切也是一樣。他們以散布恐懼為樂，而且每次都講得繪聲繪影，像是以製造恐慌、出售不安為生。

貼心小叮嚀：不論世界多亂，不論你支持的政治人物民調多低，一切都還在耶穌的掌控之中。他不靠選票管理世事，也不可能被罷免。

因為耶穌活著，所以我能不憂不懼地面對人生，以平和、篤定的態度待人處事。耶穌掌管我的過去、現在與未來。不論是對過往錯誤的悔恨，或是對未來問題的憂懼，都無法束縛現在的我，因為耶穌以平安看顧我。

神在〈以賽亞書〉（依撒意亞）中說道：「天是我的寶座，地是我的腳凳。」2換句話說，神比我們偉大太多，祂看待世界的方式不受時間、空間限制。在〈以賽亞書〉另一處，祂說：「我的意念不是你們的意念；我的道路不是你們的道路。正如天高過地，我的道路高過你們的道路；我的意念高過你們的意念。」3

我深信，與神相比，我們的問題微不足道，撒旦微不足道，罪惡、疾病也微不足道。只要想想全能、全知的主的偉大與莊嚴，只要知道耶穌隨時與我們同在，無論我們的生命遭受何等重擊，我們都能享有平安。

有些人以為耶穌和撒旦勢均力敵，以為善惡之戰是場超大型擂台賽，而宇宙存亡在此一役。現在到了第十五回合，我們緊張得從位子上站起來，冒著冷汗、捏著拳頭祈禱耶穌獲勝。可是情況似乎不太妙，魔鬼佔了上風，眼看就要擊倒耶穌。

耶穌每挨一拳，我們就呻吟一聲。有人忍不住大喊：「暫停！快叫暫停！他流血了！再打下去要出人命了！」

耶穌氣喘吁吁地回到場邊，教練聖靈連忙趕來，跟耶穌咬耳朵說：「等等先保持距離，重心往下，小心他的左勾拳。應該還有機會贏！」

大家盯著他們，心想：「好慘，希望耶穌逆轉勝。」

等等——我沒聽錯吧？逆轉勝？我們怎麼會有這麼窩囊的想法？耶穌是神耶！神才

2. 以賽亞書66章1節。
3. 以賽亞書55章8～9節。

不需要「逆轉勝」。假如除了你以外沒有別的神，別人只有一敗塗地的份，連你的車尾燈都看不到，你怎麼需要「逆轉勝」？

我老爸常說：「我們事奉的神超大，對抗的魔鬼小小一隻。」切記切記，這二個千萬別弄反了。善惡之戰的勝利者早就出現了，耶穌的死與復活已經給了撒旦致命一擊。魔鬼現在就跟紙老虎一樣，只能虛張聲勢嚇嚇我們。去看看聖經的精彩大結局吧，我們早就贏了。

我一點也不煩惱世界局勢或行星軌道，也不擔心銀行裡的錢還剩多少。我等等就要去睡了，而且會帶著微笑入夢，不只因為睡在我身邊的是全世界最美的女人，也是因為我知道，一切都在耶穌的掌握之中。

這絕非天真、輕信或不負責任。這就是真實人生。

第15章

當個全新的人

我想講一件事，請各位先做好心理準備。我不想被大家輕視，但我希望自己能誠實、坦白地交代這件事。

幾年前樂壇巨星麥可・傑克森（Michael Jackson）過世的時候，我把他所有的歌聽了好幾遍，我非常喜歡。

就是這件事。我講完了，掏心掏肺地講完了。

有些人可能會皺著眉頭想：「你說的是那個麥可？」我先說，我可沒說他每首歌的歌詞都神聖脫俗喔！所以別用那種正氣凜然的眼神看我，我知道有些人的 iPod 裡有海綿寶寶的歌。

其實，麥可有首歌跟我在這一章裡要談的東西有關，這首歌的歌名叫〈人性〉（Human Nature），收在《顫慄》（*Thriller*）那張專輯裡。好啦，我知道你們可能都沒聽過，但就算你們沒聽過，我還是得說，《顫慄》這張專輯真是不錯。

我有時很同情我太太，因為我腦子裡裝了很多歌，我沒事就愛唱上幾句。不過我很不會記歌詞，所以不是自己亂改詞，就是同一句一直唱一直唱。這對我太太的信仰是一大考驗。

〈人性〉有句歌詞說：「如果他們問『為什麼？為什麼？』，告訴他們這就是人性。」

這一句很好記，所以當然也是整首歌我唯一記得的一句。有幾天我在家裡一直唱個沒完：「『為什麼？為什麼？』告訴他們這就是人性……」

我太太終於崩潰：「猶達！夠了！真的夠了！」

事實上，我那時正進行嚴肅的神學思考，專心想〈歌羅西書〉（哥羅森書）裡的某一段話。最後終於確認：流行音樂之王的這首歌，其實把那段經文的前提詮釋得很好。〈歌羅西書〉三章一至十一節說：

> 你們已經跟基督一起復活，你們必須追求天上的事；在那裡，基督坐在上帝右邊的寶座上。你們要專心於天上的事，而不是地上的事。因為你們已經跟基督一起死了，你們的生命跟他一同藏在上帝裡面。基督是你們的真生命；當他顯現的時候，你們也要跟他一起顯現，分享他的榮耀。
>
> 所以，你們必須治死在你們身上作祟的那些屬世的慾望，就如淫亂、污穢、邪情、惡慾，和貪婪（貪婪是一種偶像崇拜）。由於這些事，上帝的義憤將臨。你們從前也曾經生活在這一類的慾望中，受它們的支配。但是，現在你們必須根絕這些事：不可再有忿怒、暴戾，和仇恨；不可說毀謗、污穢的話。不可彼此欺騙，因為你們已經脫掉舊我和

舊習慣，換上了新我。

這新我，由創造主上帝按照自己的形像不斷地加以更新，能夠完全地認識他。這樣說來，不再有希臘人或猶太人的區分；也不再有受割禮、不受割禮，野蠻的、未開化的，奴隸或自由人等的分別。基督就是一切，基督貫徹一切。

我們都懂麥可的歌在說什麼，因為很不幸的是，我們都很了解人性，人性就是我們的一部分。可是保羅這段話有個很重要的概念，我也用它來當這一章的標題來源，由此可知這個概念有多重要。

耶穌給了我們**新的為人之道**。

在耶穌裡，也唯有在耶穌裡，我們獲得新的生活方式。當耶穌從死裡復活時，我們也在靈性層次從死裡復活。當然，我們的肉體有一天也會復活，但現在，我們已經有了新的靈命、新的本性。

我們能超越人性，不再受困於衝動、欲望與情緒。

所以我現在不僅是「正常人」，還有了新的生活方式，成為全新的人。因為耶穌，我們有了新的人性。

禮拜一的耶穌

很多人禮拜天上教堂，聽牧師說耶穌的事。我們深受感動，相信耶穌幫助我們超越人性、過聖潔生活，而且白白賜下豐盛的恩典。

但禮拜一一起床，事情就走樣了。我們擦掉「因為神的恩典，我成為現在的樣子」，重新寫上「天助自助者」。

溫馨提醒：有聖經基礎的只有前一句。

我們心想：很好，禮拜天聽聽耶穌很棒，可是現在禮拜一了，我得出門上班努力工作。假如有收穫，那是因為我努力。神祝福努力工作的人，所以祂一定會祝福我。

結果一週下來諸事不順，我們覺得既疲憊又挫折，於是禮拜天又進了教堂，邊聽講道邊想：「哇！這真是耶穌的好信息啊！」

聽起來有點人格分裂，對吧？我們之所以把自己弄得灰頭土臉，常常是因為我們**只有禮拜天看看耶穌，其他天就把耶穌供著不理他**，自顧自地工作去。我一點都不想這樣。我不想只在禮拜天跟大家談談耶穌、唱歌讚頌他，我希望每天都有耶穌、生活裡的每個部分都有他同在。

最好的姿勢

在〈歌羅西書〉第三章裏，保羅（保祿）勾勒了依恩典而活的生命樣貌——一套週一到週日一體適用的生命樣貌。請注意他開頭的幾個字：「你們已經……」這幾個字雖然簡單，卻有極為豐富的意涵，保羅想說的是：「既然你們已經接受了，接下來就這樣做……」

如果你們往前翻，就會發現保羅已經用了整整兩章的篇幅，讚美神的恩典如何改變了我們的生命。保羅的立論基礎是耶穌還有他在十字架上完成的工作，他說耶穌是一切的中心，而我們舊的、罪惡的本性已經死去，隨耶穌一同埋葬了。但耶穌復活時，我們也重新獲得靈命，而這新的本性就是神聖的本性。

所以他第三章劈頭就說：「嘿！想想我剛剛講的那些話，如果你也接受耶穌和他的恩典，得到了新的本性，那你接下來應該這樣做。」

我很慶幸是〈歌羅西書〉第三章而不是第一章。要是保羅一開始不先鋪陳耶穌的核心意義，而是直接列出一大串言行須知，我們很可能會把它們當成新律法，然後繼續依律法而活，以為接近上主得靠自己努力。

我挺欣賞保羅的激將法：「所以，你跟基督一起復活了嗎？有還是沒有？」

「有啊。」

「你確定？你好像有點遲疑……」

「有！我確定！我跟他一起復活了。」

「好！既然你已經跟基督一起復活，那就把這些事做好吧！」

換句話說，請確定你是因為耶穌已完成的工作而順服，別再像以前一樣，想憑自己的努力變成義人。成熟點，你現在有新的本性了。

在我剛剛引用的段落裡，有個描述耶穌的字眼似乎有些突兀，它說耶穌**坐在天堂**。等等，真的是「坐」嗎？耶穌怎麼可能坐得住？他怎麼可能悠閒坐著晃腳喝飲料？他不是該在邊界上跑來跑去，對著隊員大吼大叫下指示嗎？

想積極行動就要站著，所以耶穌應該站著才對。

可是耶穌坐著。

坐著是掌握全局的姿態。耶穌不站、不走、不徘徊，更不奔跑。他從容自在，一滴汗也沒流。

耶穌坐著，泰然自若，談笑風生。他身在天堂，放眼望去盡是美善，一切都已完成。聖經說他坐在天父的右邊，我想他大概氣定神閒地看著敵人，輕鬆自得地統治他的國度。

如果我們能夠認清耶穌坐在天堂的事實，並依此調整生活方式，應該每一天都能像禮拜天一樣。

信徒最好的姿勢不是走，不是跑，不是衝刺，也不是跟陀螺似地成天轉個沒完。最好的姿勢是坐。當我們重獲新生，神將召喚我們安歇在祂完成的工作中。

祂對我們說：「坐下吧。」

我們扭扭捏捏：「主啊，不用了，我站著就好。」

「坐下吧。」

「嗯……可是……我得去——」

「坐下。」

早晨起床時、為了養家努力工作時、開始為未來擔心時，請記得坐下，記得照著耶穌調整你的生活，因為能帶給你幸福的不是你的權力、才智或教育，而是耶穌已經完成的工作——這一點請一定要記得。

這才是真正的我

假如我們相信罪惡沒完全被擊敗，某些罪從十字架上溜掉了，連耶穌都抓不回來，魔鬼一定興高采烈。因為如此一來我們就被罪困住了，罪就能影響我們、甚至控制我們，慢慢侵入我們的內在，變成我們很難革除的惡習。

別忘了魔鬼是大騙子。罪已經被擊敗了，神支持我們，耶穌與我們同在，他的恩典更綽綽有餘。

雖然我們將來還是會犯錯，而且很可能沒過多久又犯下一堆錯，但耶穌早知道了，而且他已經出手相救。在信心與恩典到來的那一刻，他已一次抹去了你過去、現在與未來的罪。

有件事我越是思考，越是讚嘆：神明明看到不少我還沒發現的缺點，可是祂不急著催促我改變，甚至有些缺點祂未來三十年都不打算處理。等到我六十三歲的某天早上，祂才會慢條斯理地對我說：「猶達啊，這裡有件事我們得談一下囉。」在此同時，祂始終不對我失望，更從不拒絕我靠近祂。只要我不造成別人困擾，祂也不把我隔離開來。而且祂不斷告訴我祂為我驕傲、祂愛我、我很棒。

我們對待自己的態度則恰恰相反。我們往往急著讓自己變成完人，以為越快改造成功，神就越愛我。

可是神已經賜下了無限的愛，祂以後也不會比現在更愛我們、更接納我們了。

神不急著改變我們。祂最關心的不是我們的行為，而是我們本身。祂的首要目標與主要關懷就是愛我們、了解我們、肯定我們、保護我們。

對抗罪惡的確是好事，而且這樣的情操非常可貴，但千萬別弄錯：我們不是要努力成為義人——我們已經是義人了，只是在努力學習讓外在的我更像內在的我。

在我從〈歌羅西書〉引用的段落中，保羅要我們脫去舊我，換上新我。換句話說，我們既然有了新的本性，就該活出新我，別再不依本性過活。

不依本性而活是相當辛苦的，扮演別人很容易讓人精疲力竭，可是我們偏偏常以這種方式看待神的誡命。

大多數人認為聖潔很難、付出很難、同情很難，尋回迷失的人也很難，但只要活出新我，這些一點都不難。換上新我之後，我只要**做自己**就可以了，這些事變得易如反掌，我也一定做得到。

我們常對自己說：「你這個自私自利的傢伙聽好了，為了耶穌，今天給我去愛人！」

然後我們又回答自己：「好好好，雖然我不是那種人，但我會試試；雖然我不想笑，但我會笑看看。」

不知道為什麼，**我們常以為「做基督徒」就是「別做自己」，這是個天大的誤會**。耶穌讓我換上新我，給了我新的為人之道，所以在我靈魂核心之處，我已聖潔、慷慨、慈愛、體貼、有同情心。我有了新的本性，它映照了創造我的神。

我們別再把自己當成罪人，在天堂裡，根本沒有「我們是罪人」這種概念。聖經說：「東離西多遠，祂使我們的罪離開我們也那麼遠。」[1]神不斤斤計較我們的罪，當祂看著我們，祂看到的不是罪人，而是聖人。

這才是我們真正的樣子。

真的。

我不是為了讓大家感覺良好而玩文字遊戲，更不是為了合理化罪惡而詭辯。我只是重述恩典的好消息。

罪惡有時看似深重難移，讓我們不禁沮喪地想：唉，我就是這種人。別自欺欺人了，我就是墮落、卑鄙、好色、愛說謊，天生糟糕透頂。這是家族宿命，也是我的天

1. 詩篇103章12節。

性、我改不了的毛病。

於是我們犯罪、接著後悔，然後又試著抗拒犯罪，像是不斷在對抗自我。

「告訴他們這就是人性。為什麼？為什麼？」

不，謝了，麥可，我不再這樣想了。我的「人性」可不是如此，耶穌已經幫我換了新的。要是我做了卑劣的事，那才是因為我沒有依自己的本性而行。

罪惡的確存在，但它們控制不了我們。憤怒、暴力、惡意、傷人的話——都不符合我們的天性。它們是外來入侵者，罪惡是外患、寄生蟲，不是上帝創造的一部分。

真正的我正直而良善，而且遠比罪惡更真實。

為了拯救世人，神在耶穌裡成為人，藉著這個過程，祂重新界定了什麼是「人」。

耶穌來告訴我們如何重新為人。

後記
這就是耶穌

我寫這本書的目的，是希望能幫助你認識耶穌真正的樣子，並思考這對你的人生有什麼意義。這也是我多年以來自我反省的心得，這趟旅程讓我從內在深處發生轉變。我現在比以前更愛耶穌，也更開心能宣講福音。

我祈禱耶穌的愛圍繞你、打動你，滲入你的生命，為你的人生添上美麗的風景。世上最美好的莫過於此。

但這只是開始。我深信耶穌的愛與恩典的美無窮無盡、深邃豐美，我們得用一生來玩味它們的奧妙。

如果書中內容觸動你心，我衷心期盼你勇敢回應。也許是去附近的教堂，進一步在耶穌裡成長；也許是放慢腳步，挪出些時間讓耶穌愛你；又或者是改變一下生活方式，嘗試不一樣的人生風景。

如果我能送你一句鼓勵，我會說：**別讓任何事阻止你認識神**。無論你是誰，無論你做過什麼事，接受恩典永遠不嫌晚。

聖經說拯救是禮贈，免費的禮贈。接近神之前不需要獻祭、贖罪或痛改前非，只要願意相信耶穌為我們而死，就能得到寬恕。

我知道這聽起來好得不像真的。

所以它叫恩典。

這就是耶穌。

謝辭

謝謝耶穌。

謝謝雀兒喜。

謝謝小鬼頭們（錫安、艾略特和葛蕾絲）。

謝謝爸。

謝謝媽。

謝謝全家。

謝謝朋友們。

謝謝教會。

謝謝新頌（Hillsong）教會。

謝謝湯瑪斯・尼爾森（Thomas Nelson）出版社。

謝謝以斯帖。

謝謝賈斯丁。

謝謝西恩。
謝謝安德魯。
還有，謝謝你。

國家圖書館出版品預行編目資料

耶穌憑什麼：爲什麼認識耶穌就能改變生命？ / 猶達.史密斯(Judah Smith)著；朱怡康譯. -- 初版. -- 臺北市：啓示出版：家庭傳媒城邦分公司發行, 2015.05
面； 公分. -- (Soul系列；45)
譯自 :Jesus Is : Find A New Way to Be Human

ISBN 978-986-7470-99-7 (平裝)

1.耶穌(Jesus Christ) 2.基督教 3.信仰

242.42 104006170

Soul系列045

耶穌憑什麼：為什麼認識耶穌就能改變生命？

作　　者／猶達・史密斯 Judah Smith
譯　　者／朱怡康
企畫選書人／李詠璇
總 編 輯／彭之琬
責任編輯／李詠璇

版　　權／黃淑敏、邱珮芸、翁靜如
行銷業務／莊英傑、周佑潔、王瑜、華華
總 經 理／彭之琬
事業群總經理／黃淑貞
發 行 人／何飛鵬
法律顧問／元禾法律事務所 王子文律師
出　　版／啓示出版
台北市104民生東路二段141號9樓
電話：(02) 25007008　傳眞：(02)25007759
E-mail:bwp.service@cite.com.tw
發　　行／英屬蓋曼群島商家庭傳媒股份有限公司 城邦分公司
台北市中山區民生東路二段141號2樓
書虫客服服務專線：02-25007718；25007719
服務時間：週一至週五上午09:30-12:00；下午13:30-17:00
24小時傳眞專線：02-25001990；25001991
劃撥帳號：19863813；戶名：書虫股份有限公司
戶名：英屬蓋曼群島商家庭傳媒股份有限公司城邦分公司
訂購服務／書虫股份有限公司客服專線：（02）2500-7718；2500-7719
服務時間：週一至週五上午09:30-12:00；下午13:30-17:00
24時傳眞專線：（02）2500-1990；2500-1991
劃撥帳號：19863813 戶名：書虫股份有限公司
讀者服務信箱：service@readingclub.com.tw
城邦讀書花園：www.cite.com.tw
香港發行所／城邦（香港）出版集團有限公司
香港灣仔駱克道193號東超商業中心1樓；E-mail：hkcite@biznetvigator.com
電話：(852) 25086231　傳眞：(852) 25789337
馬新發行所／城邦（馬新）出版集團 Cite (M) Sdn. Bhd.
41, Jalan Radin Anum, Bandar Baru Sri Petaling, 57000 Kuala Lumpur, Malaysia.
Tel: (603) 90578822 Fax: (603) 90576622 Email: cite@cite.com.my

封面設計／李東記
排　　版／極翔企業有限公司
印　　刷／韋懋實業有限公司

■2015年5月5日初版
■2020年6月2日二版
定價330元

Printed in Taiwan

城邦讀書花園
www.cite.com.tw

廣	告	回	函
北區郵政管理登記證			
北臺字第000791號			
郵資已付，免貼郵票			

104　台北市民生東路二段141號2樓

英屬蓋曼群島商家庭傳媒股份有限公司城邦分公司　收

請沿虛線對摺，謝謝！

書號：1MA045X　　書名：耶穌憑什麼

請於此處用膠水黏貼

啟示出版 Apocalypse Press

讀者回函卡

感謝您購買我們出版的書籍！請費心填寫此回函卡，我們將不定期寄上城邦集團最新的出版訊息。

姓名：________________________________ 性別：☐男 ☐女

生日：西元____________年____________月____________日

地址：____

聯絡電話：____________________ 傳真：____________________

E-mail ：

學歷：☐ 1. 小學 ☐ 2. 國中 ☐ 3. 高中 ☐ 4. 大學 ☐ 5. 研究所以上

職業：☐ 1. 學生 ☐ 2. 軍公教 ☐ 3. 服務 ☐ 4. 金融 ☐ 5. 製造 ☐ 6. 資訊
☐ 7. 傳播 ☐ 8. 自由業 ☐ 9. 農漁牧 ☐ 10. 家管 ☐ 11. 退休
☐ 12. 其他________________________________

您從何種方式得知本書消息？

☐ 1. 書店 ☐ 2. 網路 ☐ 3. 報紙 ☐ 4. 雜誌 ☐ 5. 廣播 ☐ 6. 電視
☐ 7. 親友推薦 ☐ 8. 其他________________________________

您通常以何種方式購書？

☐ 1. 書店 ☐ 2. 網路 ☐ 3. 傳真訂購 ☐ 4. 郵局劃撥 ☐ 5. 其他________

您喜歡閱讀那些類別的書籍？

☐ 1. 財經商業 ☐ 2. 自然科學 ☐ 3. 歷史 ☐ 4. 法律 ☐ 5. 文學
☐ 6. 休閒旅遊 ☐ 7. 小說 ☐ 8. 人物傳記 ☐ 9. 生活、勵志 ☐ 10. 其他

對我們的建議：____

____

____

【為提供訂購、行銷、客戶管理或其他合於營業登記項目或章程所定業務之目的，城邦出版人集團（即英屬蓋曼群島商家庭傳媒（股）公司城邦分公司、城邦文化事業（股）公司），於本集團之營運期間及地區內，將以電郵、傳真、電話、簡訊、郵寄或其他公告方式利用您提供之資料（資料類別：C001、C002、C003、C011 等）。利用對象除本集團外，亦可能包括相關服務的協力機構。如您有依個資法第三條或其他需服務之處，得致電本公司客服中心電話 02-25007718 請求協助。相關資料如為非必要項目，不提供亦不影響您的權益。】

1.C001 辨識個人者：如消費者之姓名、地址、電話、電子郵件等資訊。
2.C002 辨識財務者：如信用卡或轉帳帳戶資訊。
3.C003 政府資料中之辨識者：如身分證字號或護照號碼（外國人）。
4.C011 個人描述：如性別、國籍、出生年月日。

請於此處用膠水黏貼